사랑의 매는 없다

심리치료의 세계적인 권위자, 앨리스 밀러의
아동학대와 체벌에 관한 보고서

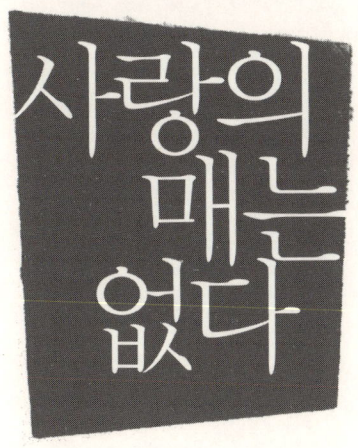

사랑의 매는 없다

폭력과 체벌 없는 어린 시절을 위하여

앨리스 밀러 지음 | 신홍민 옮김

양철북

  '교편'을 잡는다는 말이 있다. 교사 생활을 좀 고상하게(?) 표현할 때 쓰는 말이다. 편(鞭)은 채찍이라는 뜻이니, 교편은 교사가 사용하는 회초리나 매쯤 될 것이다. 교편이라는 말을 점잖은 표현으로 대접하기 때문일까? 우리는 교사들이 사용하는 회초리를 '사랑의 매'라고 부르는 데 별로 거부감을 느끼지 않는다. 매를 들어 학생을 가르치고, 옳은 길로 인도하는 것을 으레 교사의 소임으로 인정한다. 그러니 교사가 '사랑의 매'를 든다고 트집 잡을 까닭도 없다. 학교 체벌을 바라보는 사회의 눈길이 갈수록 엄격해지고 있는 것은 사실이다. 그래도 교사가 이성을 잃고 주먹을 휘두르는 경우만 아니면, 아직도 어지간한 체벌은 크게 문제 삼지 않는 것이 우리의 현실이다. 우리는 체벌을 여전히 불가피한 교육적 선택의 범주에 넣는다. 체벌을 합법적으로 제도화한 것이 바로 그 증거다.

가정에서 이루어지는 체벌에 대한 시각도 학교 체벌에 대한 그
것과 크게 다르지 않다. "예쁜 자식 매 한 대 더 준다."는 속담은
여전히 우리에게 가정교육의 금과옥조다. 어지간한 손찌검도, 노
골적인 분노가 담기지 않았다면, 비난의 대상이 되지 않는다. 다
자식 잘 되라고 주는 벌이라고 부모가 먼저 면죄부를 끊는 것이
관례이다.

그러나 앨리스 밀러의 관점에서 보면 사제와 부자 사이에 내려
오는 우리의 교육적 '미덕(?)'은 야만적 관습에 지나지 않는다.
그녀는 '교육을 위해서', 또는 '자식을 위한다'는 구실 아래 이
루어지는 체벌을 예외 없이 폭력으로 규정한다. 학대, 구타, 모
욕, 냉대 수준에 이르는 폭력과 정신적 학대는 더 논할 것도 없
다. 그 까닭은 그녀가, 정도를 불문하고 어른에게 받은 물리적 폭
력과 정신적 학대는 감성적 기억이라는 형태로 빠짐없이 어린이
몸 속에 저장되며, 경우에 따라서는 성인이 되었을 때 그것이 우
울증을 비롯한 모든 정신 질환의 원인이 된다고 믿기 때문이다.
게다가 학대와 폭력을 경험한 어린이가 성인이 되면, 자기도 모
르게 어린 시절에 경험한 것을 다른 사람에게 그대로 전가하려고
하는 충동에 사로잡힌다고 한다. 그러므로 혹시라도 그가 한 사
회의 권력을 손에 움켜쥘 경우에는 엄청난 사람들이 그의 '복수
충동'의 희생자로 전락할 수 있다는 것이다.

학교와 가정에서 교육을 위해 '사랑'의 이름으로 가하는 경미
한 수준의 체벌까지 '폭력'으로 규정하여 죄악시하는 것은 지나
친 처사가 아니냐고 항의할 수도 있다. 과연 매를 아껴서 아이가

잘 된다는 구체적 증거가 있냐고 따질 수도 있다. 부처님이나 하느님이 아니고서야, 사람이 어떻게 손찌검이나 싫은 소리 한 번 안 하고 자식을 키울 수 있느냐고 볼멘소리를 내뱉을 수도 있다.

이런 주장을 다 인정한다 해도 이 책에서 앨리스 밀러가 호소하는 폭력 없는 교육의 의미가 감소하지는 않는다. 어찌 되었든 우리 사회는 여전히 지나치다 싶을 정도로 폭력에 관대한 사회, 폭력이 범람하는 사회이기 때문이다. '사랑의 매'에만 그친다면 더 무슨 할 말이 있으랴! 그렇지 않다는 것은 삼척동자도 다 아는 사실이다. 학교와 가정이 그럴 정도이니 다른 분야는 더 말할 나위도 없다. 폭력이란 본디 가볍고 사소하게 시작되는 법이다. 그것이, 바늘 도둑이 소도둑이 되는 식으로, 점점 무겁고 맹목적이고 무자비한 폭력으로 발전하는 것이다. 아무리 가벼운 폭력이라도 너그럽게 대해서는 안 된다는 앨리스 밀러의 주장을 외면할 수 없는 까닭이 거기에 있다. 이 책이 학교와 가정에서 체벌에 대해 정밀하고 심도 있는 논의를 하는 촉매가 되어 주면 반갑겠다. 물론 '사랑의 매'도 거기서 예외가 될 수는 없다.

오랜 시간 내 게으름을 묵묵히 덮어준 양철북의 조재은 사장께 이 자리를 빌려 거듭 감사의 말씀을 드린다.

2005년 2월
신홍민

차 례

옮긴이의 말 • 5

책을 시작하며 • 11

프롤로그 넌 몰라도 돼 • 21

제 1 부 눈감아 온 어린 시절의 진실 • 31

    1장 약물로는 치료가 불가능한 마음의 병 • 40

    2장 어린 시절의 진실을 외면하는 심리치료의 한계 • 64

    3장 독재자들의 어린 시절과 체벌 • 77

    4장 몸 속에 숨어 있는 감정의 시한폭탄 • 87

    5장 침묵하는 교회 • 95

    6장 어린 시절에 대한 이해없이 그 사람에 대한 이해는 불가능하다 • 111

제 2 부 어린 시절의 체벌과 '부정의 교육'은 어떤 결과를 낳는가? • 121

    7장 감성의 둔화와 사고의 폐쇄 • 128

제 3 부 폭력과 체벌의 대물림을 막기 위하여 • 153

    8장 학대받은 어린 시절의 상처 극복하기 • 158

    9장 교육과 심리치료에 대한 낡은 이론의 틀을 버리기 • 174

    10장 진실의 치유력 - 어린 시절의 진실과 대면하기 • 181

에필로그 사랑받은 아이가 사랑할 수 있다 • 203

참고문헌 • 212

책을 시작하며

먼저 나는 전문가들이 아니라, 삶에 대해 깊이 생각하며 열린 마음으로 충고를 받아들일 줄 아는 사람들을 위해 이 책을 쓴다. 그래서 이 책에서는 전문 심리학 용어를 사용하지 않을 셈이다. 다만 내가 이전에 여러 책에서 썼던 용어 세 가지는 여기서도 계속 쓸 생각이다. '부정의 교육 die Schwarze Pädagogik'[1] '간접 보호자 der Helfende Zeuge' '전문가 증인 der Wissende Zeuge'이 그것이다.

그 책들을 읽지 못한 독자들을 위해서 이 자리를 빌려 이 세 가지 개념을 설명하려고 한다. 그러면 이해하기가 좀더 쉬우리라 믿는다.

---

1) 저자는 이 말을 체벌과 구타를 동원한 교육을 일컫는 용어로 사용하는데 여기서는 '부정의 교육'으로 번역했다. 영어 번역본에는 'poisonous pedagogy'로 표현돼 있다: 역주

첫째, '부정의 교육'은 어린이의 의지를 꺾고, 노골적으로 또는 은밀하게 폭력을 휘두르고, 조종하고, 협박하여 어린이를 고분고분하게 말 잘 듣는 신하로 만드는 교육을 의미한다.

나는 이 말을 내가 쓴 『태초에 교육이 있었다 *Am Anfang war Erziehung*』와 『넌 몰라도 돼 *Du sollst nicht merken*』라는 책에서 여러 가지 예를 들어서 설명했다. 다른 책에서도 우리가 어린 시절에 경험한 '부정의 교육'을 통해 형성된 일그러진 심성이, 성인이 된 우리의 생각과 인간관계에 어떤 흔적을 남기는지 반복해서 이야기했다.

둘째, '간접 보호자'는 학대 받는 어린이를 편드는 사람, 일상적으로 겪는 난폭한 폭력이 상쇄될 수 있을 만큼 어린이에게 버팀목이 되어주는 사람(이런 사람은 드물다)을 뜻한다. 어린이 주변에 있는 사람은 누구나 '간접 보호자'가 될 수 있다. 교사, 이웃집 아주머니, 가정부나 할머니 같은 사람들 말이다. 형제자매가 그 역할을 하는 경우도 아주 많다. 이런 사람은 매를 맞거나 보살핌을 받지 못한 어린이를 위로하거나 사랑을 베푼다. 그들은 교육적이라는 구실을 앞세워 어린이를 조종하는 데 반대하며, 어린이에게 믿음을 주고, 어린이에게 자기는 나쁜 아이가 아니며, 따뜻한 보살핌을 받을 자격이 있다는 마음을 일깨운다. 자신도 의식하지 못하는 가운데 어린이를 보살피는 데 결정적으로 중요한 구실을 하는 이런 보호자들이 있기 때문에 어린이는 이 세상에 사랑이 있음을 알게 된다. 일이 잘 되면, 어린이는 그런 경험을 통해 인간에 대한 믿음을 키우고, 사랑과 자비, 그 밖에 다른 여러 가지 가치들을 간직할 수가 있다.

'간접 보호자'들을 전혀 만나지 못한 어린이는 폭력을 숭배하게 된다. 더 나아가 훗날 나이가 들어서는, 정도의 차이는 있겠지만, 야만적으로 또 위선적인 변명을 내세우며 폭력을 휘두른다. 히틀러나 스탈린 또는 마오쩌둥과 같은 대량학살자들의 어린 시절을 보면, '간접 보호자'를 찾아볼 수가 없다는 공통점이 있다.

셋째, '간접 보호자'가 어린이에게 하는 것과 비슷한 일을 어른에게 하는 사람이 바로 '전문가 증인'이다. 전문가 증인이란 어린이를 방치하고 학대할 때 어떤 결과가 나타나는가를 잘 알고 있는 사람을 의미한다. 그는 이렇게 정신적으로 상처를 받은 사람들 편에 서서, 아픔을 함께 나눈다. 또 그들의 이야기를 듣고, 그들이 마음속에 두고도 모르는 불안감과 무기력감을 좀더 잘 이해할 수 있도록 돕는다. 이제 성인이 된 그들은, 전문가 증인의 도움을 받아 자기들에게 행동 선택권이 있음을 좀더 편안한 마음으로 받아들일 수 있다.

나는 『추방당한 지식 Das verbannte Wissen』이라는 책에 위 두 개념을 도입하면서, 1개 장 전체를 할애해서 그 내용을 설명한 바 있다.

많은 치료전문가, 이 분야의 지식을 갖춘 교사, 변호사, 카운슬러, 작가들도 '전문가 증인'에 속한다. 나는 나 자신을, 아직도 걸핏하면 금기시되는 정보들을 독자들에게 전달하는 일을 최우선 목표로 삼는 기고가로 여긴다. 또 다양한 분야에서 활동하는 전문가들이, 자기 자신을 좀더 잘 이해함으로써, 고객과 환자들, 어린이들에게, 더 나아가 자기 자신에게, 전문가 증인이 되기 바란다. 한 시인이 내게 보낸 편지를 요약하여 여기 싣는다. 내 노력이 종종 알찬 결실을 낳았음을 입증하는 사례로 말이다.

안녕하십니까, 밀러 부인!
선생님은 지난 4년 동안 저에게 의지와 도움이 되셨습니다. 그에 감사드리는 뜻에서 이 편지와 CD를 보냅니다. 당신이 읽을 수 있게 제 시 몇 편을 독일어로 번역했습니다. 제 과거가 빚은 결과들로 크게 고통을 겪고 있을 때, 선생님의 여러 저서가 현실과 저를 잇는 끈이 되어주었던 일을 아직도 생생하게 기억합니다. 제 어린 시절을 노래한 여러 편의 시에서 찾아낸 이야기는 저에겐 충격이었습니다. 제 시의 시구들을 통해서, 한 번도 들어본 적이 없던 이야기가 제 앞에 나타났습니다. 저는 그 내용과, 또 그것을 받아들일 경우 불가피하게 발생할 결과에 대해서 오랫동안 저항했습니다. 몸뚱이가 송두리째 울부짖었지만, 그 까닭을 이해하지 못했습니다. 하지만 직관적으로, 음악의 팔에 안겨, 변명이라는 검열을 빠져나온 제 시의 구절들을 통해서, 저는 스스로 말하고 싶던 경험에 다가갔습니다. 제 몸에 지닌 줄도 모르고 있던 경험들이 서서히 제 앞에 그 모습을 드러냈습니다. 이처럼 민감한 상황에서 저는 선생님의 저서들을 읽게 되었고, 제가 외롭지 않다는 것을 아주 분명하게 확인할 수 있었습니다. 선생님의 저서들을 만나지 못했다면, 저의 속마음이 털어놓고 싶어하던 그 모든 이야기를 얼마나 더 오래 억누르고 있었을까요? 알 수 없는 노릇입니다.

선생님의 저서들을 읽고 위안을 얻은 저는 마침내 용기를 내 심리요법 전문가의 도움을 받기로 했습니다. 심리요법 치료를 받을 때는 대화의 도움이 컸습니다. 이제 저는 억눌린 저의 체험을 다른 이와 함께 나누고, 부득이 저 자신에게조차 감추었던 이야기를 조금씩 드러낼 수 있습니다. 제 권리를 침해했던 사람들과 마주 서고 보니, 감정의 기억들이 저에게 진실을 말해주었다는 것을 확인할 수 있었습니다. 그런 다음에는 실질적인 치료법을 찾기가 훨씬 더 쉬웠습니다. 저는 운이 좋은 편이었습니다. 서툰 의사를 만났다면 에둘러 가다가 틀림없이 많은 시간을 잃어버렸을 것입니다. 원래 돌아가는 길은 그만큼 멀기 마련이고, 이런 상황에 지름길은 눈속임일 때가 많은 법이니까요.

선생님이 여러 저서를 통해서 전해준 정보가 없었더라면, 제 아이들의 눈을 보고 깨달은 저 자신을 제대로 받아들일 수가 없었을 것입니다. 과거에서 자유롭지 못한 상태에서, 이전처럼 과거와 단절하려고 했다면, 제가 아이들의 자유를 방해하는 일이 더 잦았을 것입니다. 선생님의 도움과 응원을 받아 인생의 길을 새롭게 다시 찾을 수 있어 기쁩니다. 과거의 죄과가 다시 나타나 지각을 마비시키며 삶을 포기하라고 속삭이면, 이따금 선생님의 저서를 한 권 들고, 거기 쓰인 내용을 읽어보려고 합니다. 다시 삶으로 돌아갈 수 있도록 도움을 줄 것이니까요.

1979년에 나는 『천재가 될 수밖에 없었던 아이들의 드라마 *Das*

Drama des begabten Kindes』라는 책에 자신의 감정을 무시하고 부정하는 환경에서 생활하는 어린이의 고통을 서술했다. 그 책 덕분에 많은 사람이 그때까지 자기 자신에게조차 숨겨오던 이야기와 대면하게 되었다. 이어서 출간한 다른 책들에서 나는, 고통을 인정받지 못하고 억압당한 어린이들에게서 나타나는 감성 둔화 메커니즘을 설명하면서, 이것이 보편적인 현상임을 입증하려고 노력했다.

나는 감성이 둔해지는 현상을 내 환자들에게서 처음 발견했다. 카프카, 플로베르, 베케트, 피카소, 수틴, 반 고흐, 키턴, 니체, 그 밖에도 여러 저명한 작가와 예술가, 그리고 철학자들의 저서와 작품에서 나는 그들의 어린 시절 흔적들을 끄집어낼 수 있었는데, 놀랍게도 이런 현상이 공통적으로 나타나고 있었다. 악명 높은 독재자들의 어린 시절에서도 똑같은 현상을 발견할 수 있었다. 그들은 극단적인 학대를 당했고, 부모를 이상화했으며, 폭력을 숭배했고, 자신들의 고통을 인정받지 못했다. 그런 뒤에는 전 국민을 복수의 대상으로 삼았다. 과거에 체험했지만 인정받지 못했거나 기억에서 지워진 그 잔혹 행위에 대한 복수의 대상으로 말이다.

그동안 누구나 아동학대를 심각한 문제라고 인식하게 되었기 때문에 더 이상 언급할 필요를 느끼지 않는다. 그런데 우리가 일반적으로 교육이라 일컫고, 또 올바르고 훌륭하다고 믿는 행동이 심각한 굴욕을 느끼게 한다는 사실은 그다지 알려져 있지 않다. 물론 우리는 이 굴욕을 제대로 의식하지 못한다. 어린 시절부터 그것을 깨닫지 못하게 교육받았기 때문이다. 그 결과 폭력과 무지의 악순환이 발생한다. 처음에 나는 이 악순환을 직관적으로 느꼈으나, 신경생리학이 밝혀낸 새롭고 흥미진진한 정보를 통해 그것이 어떻게 작동하는가를 좀더 정확하게 파악할 수 있게 되었다.

1. 체벌을 당연시하는 전통적인 교육을 받은 사람은 고통과 굴욕을 부인한다.
2. 어린이는 생존을 위해서 고통과 굴욕을 부인할 수밖에 없는데, 그것 때문에 감성적으로 둔감한 인간으로 성장한다.
3. 둔감해진 감성은 위험을 피하려고(다시 말하면 정신적 외상을 입지 않으려고) 뇌 속에 장벽('사고의 폐쇄')을 설치한다.(사실 정신적으로는 이미 상처를 입은 상태다. 다만 그것이 겉으로 드러나지 않고, 인정받지 못한 채 항상 잠복해 있는 위험으로 뇌 속에 입력되어 있을 뿐이다.)
4. 사고가 폐쇄된 청소년과 성인들은, 새로운 정보를 습득하여 가공하고, 시효가 지난 낡은 프로그램들을 삭제하는 데 방해를 받는다.
5. 그와 반대로 육체는 자기가 겪은 굴욕을 빠짐없이 기억한다. 또 이 기억은 당사자를 충동하여 과거에 당한 굴욕을 무의식적으로 다음 세대에 전가하게 한다.
6. 사고가 폐쇄되면, 과거를 되풀이하지 않는다는 것이 불가능하거나 어렵다. 이를 예방하려면 과거를 반복하도록 충동하는 이유를 어린 시절의 이야기를 통해 밝히겠다고 결단해야 한다. 그런데 그런 결단을 내리는 사람은 매우 드물다. 아이

들은 매로 키워야 한다는 조상의 가르침을 대부분의 사람이 되풀이하는 까닭이 거기에 있다.

1950년대에 철학자 칼 포퍼는, 어떤 주장에 대해 논박할 수 있을 때에만 그것을 과학적이라고 할 수 있다는 말을 한 바 있다. 나는 지금도, 그리고 이 책에서도 과학성에 대한 그의 정의를 존중한다. 그것이 불필요하게 길을 에둘러 가지 않게 해주었기 때문이다. 나의 주장은 누구나 따져볼 수 있고, 필요할 경우에는 누구나 반박할 수 있을 정도로 간명하게 표현되어 있다.

이 책에서 나는 다른 무엇보다도 독자들이 자신의 삶과 가족이 경험한 특별한 사건을 깊이 생각하도록 자극하고 싶었다. 독자들이, 지금까지는 관심 밖에 놓여 있었지만 주위 환경을 좀더 이해하는 데 도움이 되는 정보들을 이 책에서 얻을 수 있기 바란다.

제1부('눈감아 온 어린 시절의 진실')에서는 몇 가지 사례를 통해서, 어린 시절이라는 문제를 회피하려는 현상에 대해 언급했다. 어린 시절이라는 문제를 외면하지 않을 것이라고 예상했던 분야에서도 똑같은 현상이 빚어지고 있다.

제2부('어린 시절의 체벌과 '부정의 교육'은 어떤 결과를 낳는가?')에서는 뇌 연구에서 얻은 새로운 지식을 바탕으로, 이렇게 어린 시절이라는 문제를 자주 다뤄야 하는 이유를 말했다.

제3부('폭력과 체벌의 대물림을 막기 위하여')에서는 문제의 근원으로 파고들어가 긍정적인 결과를 얻은 사람들의 운명을 서술했다.

어쩔 수 없이 주제에서 벗어난 이야기를 하는 경우가 더러 있지
만, 핵심에서 벗어나지 않으려고 노력한 것은 사실이다.

넌 몰라도 돼

어린 시절 내 관심은 창세기의 선악과에 쏠려 있었다. 나는 하느님이 아담과 이브에게 지식을 향해 손을 내밀지 말라고 한 이유를 이해할 수가 없었다. 지식과 의식을 늘 긍정적인 의미로 받아들이던 내가 보기에 선과 악의 본질적인 차이를 깨닫지 못하게 하느님이 아담과 이브를 방해했다는 주장은 논리적이지 못했다.

훗날 창세기를 다르게 해석할 수 있다는 사실을 알고 나서도, 어린 시절의 내 반발심은 내내 수그러들지 않았다. 나는 복종을 미덕으로, 호기심을 죄악으로, 선악에 대한 무지를 이상적인 상태로 여기는 해석에 감정적으로 반발했다. 그 이유는 인식의 사과가 언젠가는 악에 대해서 설명해주게 될 것이기 때문이었다. 그렇다면 그것은 본래 속죄, 곧 선을 대변하는 것이었다. 내가 보기는 그랬다.

하느님이 그런 결정을 내린 이유를 신학적으로 정당화하는 글이 무수히 많다는 것을 안다. 그런데 그런 글을 대할 때면 폭력에 희생당한 어린이들이 뇌리에 떠오르곤 한다. 이해하지도 못하고, 또 이해할 수도 없으면서, 부모들이 취한 조치를 모두 다 사랑에서 우러난 훌륭한 행동으로 받아들이려고 애쓰는 아이들이 말이다. 부모 스스로도 자기가 그런 조치를 취한 이유를 이해하지 못한다. 자기들이 보낸 어린 시절의 암흑 속에 그 이유가 감춰져 있기 때문이다. 그렇기 때문에 나는 오늘날까지도, 하느님이 무지한 아담과 이브만 낙원에 데리고 있으려고 한 까닭, 불복종에 대한 벌로 무거운 고통을 준 이유를 납득하지 못한다.

나는 복종과 무지를 행복의 조건으로 내세우는 낙원을 한 번도 그리워하지 않았다. 나는 사랑의 힘을 믿는다. 사랑의 힘이란 사랑스러움과 복종을 의미하는 것이 아니다. 사랑의 힘은 자기 자신, 자기 이야기, 자신의 감정과 욕구에 충실하다는 것과 어느 정도 관계가 있다. 지식에 대한 동경도 여기에 속한다. 아담과 이브가 자기 자신에 충실하려고 했을 때, 하느님은 노골적으로 이를 막으려고 했다. 핑계대지 않고, 가면 뒤에 숨거나 가장하지 않은 지금의 모습을 있는 그대로 받아들일 때, 우리는 비로소 사랑을 할 수 있다. 그것이 나의 출발점이다. 실제로 (아담과 이브가 관련된 지혜의 나무 이야기처럼) 손에 넣을 수 있는 지식을 거부하지 않을 때에만, 다시 말하면 도피하지 않고 사과를 먹을 수 있는 용기를 가질 때에만 우리는 사랑을 할 수가 있다.

그렇기 때문에 지금도 나는, 하느님의 사랑을 받는 착한 아이로 키우려면 매를 들어야 한다는 말을 들으면 그냥 참고 넘어갈 수가 없다. 대부분의 종교 집단들이 경전으로 삼는 책에 그렇게 쓰여 있다. 거기뿐만 아니다. 창세기는 우리가 두 눈을 뜨는 것을 오랫동안 방해했다. 또 우리가 잘못된 방향으로 인도받고 있다는 사실을 깨닫지 못하게 했다. 다음에 소개할 사례들은, 깨달음을 금지당할 경우에, 그 휴유증으로 건강이 악화되기도 한다는 사실을 우리에게 보여준다.

얼마 전에 나는 생면부지의 한 남성에게서 편지를 한 통 받았다. 그는 수십 년 동안 공산당원으로 지내면서, 마르크스주의 철학자들의 사상을 전파하는 한 신문사 편집국에서 일하던 사람이다. 몇 년 전 처음 내 책들을 읽은 그는 폭력과 권력 추구는 어린 시절에 학습을 통해 습득된다는 것을 깨닫고 동료들을 설득하여 폭력적인 교육이라는 주제를 마르크스주의 사상에 포함시키려고 노력했다. 모두가 그의 생각에 반대하며 적대감을 보였지만, 그럴수록 그는 자기 생각이 옳다는 것을 더욱 더 확신하게 되었다. 그 무렵 그는 걷기가 힘들 정도로 무릎에 심한 관절염을 앓고 있었다. 마침내 서면으로 당에 탈당 의사를 밝히기로 결심하자, 엄청난 불안감이 몰려들었다. 이는 어린 시절에 버림받았던 일과 관계가 있는 것이 분명했다. 그런데 탈당계를 내고 나자, 세 시간 만에 무릎의 통증이 씻은 듯이 사라졌다. 이 일은 그에게 어린 시절의 상황을 더 이상 지속할 필요가 없다는 확신을 주었다. 또 그동안 안정감이라는 허상을 안겨주는 듯했지만 사실은 자신을 얽매고 있던 종속 상태에서 벗어났다는 확신도 주었다. 그런 상황에 자신의 육체가 얼마나 빠르게 반응을 하는지 스스로도 당혹스러울 정도였다. 하지만 그는 이것이 자기 자신을 가두고 있던 감옥에서 벗어났기 때문이며 사람들이 보통 말하듯 '기적의 치료'가 아니라, 상당히 논리적인 결과임을 알게 되었다.

오늘날 의학은 살면서 겪은 경험에 대한 모든 정보가 우리 몸에 저장되어 있다는 사실을 더 이상 부정하지 않는다. 다만 그 암호를 해독하지 못할 뿐이다. 나는 암호를 해독해내면 무거운 병의 증상들도 사라질 수 있다고 굳게 믿는다.

다른 예를 하나 더 들어보자. 어린 시절에 자존심에 큰 상처를 입고, 육체적으로 학대를 당하고도, 평생 부모를 이상화하면서 살아온 한 남자가 있었다. 그런데 면역력이 떨어질 나이가 되자, 몸에 엄청난 통증이 몰려왔다. 그의 인식 체계에 담긴 정보들은 어린 시절에는 모든 것이 좋았고, 부모님의 보살핌을 받으며 행복한 시간을 보냈다고 말했지만, 육체의 체계에서는 그와 정반대의 신호를 보내고 있었다. 몇 년 동안 약을 복용하고 여러 가지 수술까지 받은 뒤, 그는 마침내 한 내과 의사의 충고에 따라 심리요법 전문가에게 감성 치료를 받기로 했다.

그러자 어린 시절에 폭력적인 환경에서 자랐으면서도, 60년 동안 그 사실에 대해서 눈을 감고 있었다는 사실을 더 이상 감출 수가 없었다. 마침내 그는 진실의 편에 서기로 마음먹었다. 그러자 몸이 다시 건강해졌다. 기적 같았다. 하지만 그것은 기적과는 아무 관계가 없는 일이었다. 인식 체계가 몸의 세포들 속에 또렷하게 저장되어 있는 메시지와 정반대되는 사실을 주장하는 동안, 그는 자기 자신과 끝없는 전쟁을 벌였던 것이다. 그런데 사실에 대해 두 체계가 동일한 정보를 공유해도 좋다는 허락이 내려지자 금세 몸이 정상으로 돌아올 수 있었던 것이다.

다시 창세기로 돌아가자. 지금도 기억이 나는데, 어린 시절 선생님께 줄기차게 질문을 던진 적이 있다. 설명을 하느라 진땀을 흘리는 선생님 얼굴에는 불쾌한 표정이 역력했다. 선생님이 안쓰러워서 결국 나는 질문들을 마음속에 묻어두기로 했다. 하지만 그것들은 쉬지 않고 내 몸 안에서 치솟았고, 지금도 계속 솟구치고 있다. 이제는 다 큰 어른이 되었으니, 나에게 허락된 자유를 활용하여, 그 아이에게 마음껏 질문을 퍼붓게 해주고 싶다. 아이는 이렇게 묻고 싶었다.

"자기 손으로 창조한 두 사람이 그 열매를 먹는 것을 원치 않으면서도 하느님은 왜 에덴동산 한가운데 선악을 분별할 수 있는 지혜의 나무를 심었을까? 하느님은 왜 자기 손으로 창조한 인간들을 시험에 들게 했을까? 하느님은 세상을 창조한 전지전능한 분인데 굳이 그럴 필요가 있었을까? 하느님은 전지(全知)하신 분인데 아담과 이브에게 복종을 강요한 까닭은 뭘까? 인간을 창조했다는 것은 곧 호기심을 가진 존재에게 생명을 불어넣었다는 뜻인데 하느님은 그 사실을 몰랐을까? 또 인간에게 본성을 배반하도록 강요한 것이 바로 자신임을 하느님은 몰랐을까? 아담과 이브를 남편과 아내로 창조하여 성적으로 서로 상대를 보완하게 해놓고는, 어떻게 다른 한편으로 두 사람이 성욕을 무시하리라고 기대할 수가 있었을까? 두 사람은 왜 성욕을 무시해야만 했을까? 만일 이브가 사과를 베어 물지 않았으면 어떻게 되었을까? 그랬으면 두 사람이 성적으로 결합하지 않았을 것이고, 후손을 생산하지 못했을지도 모른다. 그러면 세상은 인간이 없는 곳이 되었을까? 아담과 이브는 영원히, 자식도 없이 둘이서만 살았을까?

왜 아이를 낳는 일이 죄에 대한 벌이 되고, 분만에는 고통이 따르는 것일까? 하느님의 계획은 아담과 이브가 번식력을 갖지 못하게 하는 것이었다. 그런데 창세기에서는 새들이 스스로 번식한다고 말하고 있다. 이것을 어떻게 이해해야 좋을까? 그러니까 이 말은 하느님도 이미 후손에 대한 개념을 갖고 있었다는 뜻이다. 더나아가 카인이 결혼하여 아이들을 낳았다는 이야기가 있다. 이 세상에는 아담과 이브, 카인과 아벨밖에 없었는데, 그는 도대체 어디서 아내를 얻었단 말인가? 카인이 질투심을 드러냈을 때, 하느님은 그를 멀리했다. 왜 그랬을까? 하느님이 드러내놓고 아벨을 편애했기 때문에 카인의 마음에 시기심이 일어난 것은 아닐까?"

누구도 나에게 이 모든 의문에 대한 답을 주려고 하지 않았다. 어린 시절에도 그랬고, 그 뒤에도 그랬다. 사람들은 내게 화를 냈다. 내가 하느님의 전지전능함에 의심을 품고, 또 기껏 설명을 해주면 논리에도 맞지 않는 모순된 설명이라고 반박한다는 이유였다. 사람들은 나를 피하려고 했다. 그러면서 이렇게 말했다. "모든 것을 다 말 그대로 받아들일 필요가 없어. 그것은 단지 상징일 뿐이야." 나는 그렇다면 무엇에 대한 상징이냐고 물었다. 하지만 대답을 듣지는 못했다. 또는 성서에는 많은 진리와 지혜가 담겨 있다는 말도 했다. 그 말을 물고 늘어질 생각은 없다. 그러나 논리적이지도 않은 것을 아이라고 해서 무조건 받아들여야 한다는 주장은 납득할 수 없었다.

어른들이 그런 반응을 보일 때, 아이는 뭘 어떻게 하는 것이 좋겠는가? 아이는 환영받지 못하거나, 미움을 받고 싶어 하지 않는다. 그래서 복종을 택한다. 나도 그렇게 행동했다. 그렇다고 해서 이해하고 싶은 나의 욕구가 사라진 것은 아니었다. 하느님이 그렇게 한 이유를 이해할 수 없어서, 나는 최소한 사람들이 그렇게 쉽게 모순을 받아들이는 이유만이라도 이해하려고 애썼다.

아무리 해도 나는 이브의 행동에서 나쁜 점을 발견할 수 없었다. 하느님이 아담과 이브를 진정으로 사랑했다면, 두 사람을 맹목적인 인간으로 만들려고 하지 않았을 것이라고 생각했다. 이브를 '죄악'으로 유혹한 것이 정말 뱀이었을까? 아니면 하느님 자신이었을까? 어떤 평범한 인간이 내게 탐나는 물건을 보여주면서 그것에 눈독을 들이지 말라고 한다면, 나는 지나친 처사라고 생각할 것이다. 그런데 사람들은 하느님에게는 결단코 그런 생각을 품어서는 안 된다고 했다. 하물며 그런 소리를 입 밖에 낸다는 것은 더더욱 있을 수 없는 일이었다.

그래서 혼자 곰곰 생각했다. 책 속에서 해답을 구하려고 했지만, 그것도 허사였다. 마침내 나는 전해 내려오는 하느님의 형상을 창조한 것이 바로 인간, 곧 (성서에 가득 담긴) '부정의 교육'의 여러 가지 원칙에 따라 양육되어 어린 시절에 사디즘, 유혹, 처벌, 권력 남용을 일상처럼 겪으며 자란 인간들이었다는 사실을 깨달았다. 성서를 쓴 사람들은 남자였다. 우리는 이 남자들이 자기 아버지에게서 좋은 경험을 얻지 못했음을 인정하지 않을 수 없다.

아이들이 발견에 열의를 보일 때 기쁨을 느끼고, 그들에게 불가능한 것을 기대하지 않으며, 벌을 주지 않는 아버지 슬하에서 자란 남자는 하나도 없는 것이 분명하다. 자기들 손으로 창조한 하느님의 형상에 가학성이 드러나는데도, 이상하게 여기지 않았던 까닭이 여기에 있다. 그들이 창조한 하느님은 가혹한 시나리오를 생각해냈다. 곧 아담과 이브에게 지혜의 나무를 선물로 주면서, 그 나무의 열매는 먹지 못하게 했다. 요컨대 그들이 지식에 밝고 자주적인 인간으로 성장하지 못하도록 막은 것이다. 하느님은 아담과 이브를 자기에게 완전히 종속된 인간으로 만들려 했다. 나는 아버지들의 그런 행동을 사디즘으로 간주한다. 아이가 고통스러워하는 것을 즐기는 모습이 거기 들어 있기 때문이다. 사디즘에 빠진 아버지가 아이에게 벌을 주는 것은 사랑과는 거리가 멀다. 그것은 오히려 부정의 교육과 관계가 깊다. 사도 바울은 히브리서 12장 6-8에서, 징벌은 우리에게 우리가 하느님의 서자가 아니라 친자라는 믿음을 준다고 분명하게 말했다. "여러분이 벌을 견딘다면, 하느님께서 자식으로 받아주실 것이오. 아버지의 벌을 받지 않는 아들이 어디 있겠소? 벌 받을 짓을 하고도 벌을 받지 않는다면, 여러분은 하느님의 서자이지, 진짜 자식이 아닐 것이오."

이제 나는 상상할 수 있다. 구타와 모욕을 당하는 대신, 존중받으며 어린 시절을 보낸 아이들이 훗날 어른이 되었을 때, 뭔가 다른 하느님, 곧 사랑이 넘치는 마음으로 지도하고 설명하며 방향을 이끌어주는 하느님을 믿는 모습을 말이다. 그게 아니면 하느님의 형상 없이도 그럭저럭 살아가면서, 몸으로 실제 사랑을 실천하는 사람을 본보기로 받들며 살아가는 모습을….

이 책에서 나는 나를 이브와 동일시하려고 한다. 동화 「빨간 모자」에서처럼 아무것도 모른 채 늑대의 유혹에 넘어가는, 어린아이 티를 벗지 못하는 전통적인 이브가 아니라, 자기가 처한 상황이 옳지 못함을 꿰뚫어보고, "넌 몰라도 돼"라는 계율을 거부하고, 무슨 일이 있어도 선악의 차이를 깊이 이해하려 하고, 자기 행동은 전적으로 자기가 책임지겠다고 다짐하는 이브 말이다.

육체가 전하는 메시지를 실마리 삼아, 삶의 첫 발을 내딛던 시기의 수수께끼를 풀겠다고 마음먹은 뒤 나는 여러 가지를 깨달았다. 이 책에서 그 내용을 이야기하려고 한다. 인생의 첫 걸음을 내딛던 이른 어린 시절로 거슬러 올라간 덕분에 나는 여러 가지 메커니즘을 발견할 수 있었다. 이것들은 전 세계에 사는 다른 사람들에게도 마찬가지로 작동한다. 그런데 안타깝게도 그 메커니즘을 인식하는 사람은 거의 없다. "넌 몰라도 돼"라는 계율이 우리를 무기력하게 만들고, 그것을 인식하지 못하게 방해하기 때문이다.

나는 무엇이 선이고 악인지 아는 것은 좋은 일이며, 무슨 일이 있어도 반드시 알아야 한다고 생각한다. 그래야 우리의 삶에 대해, 또 아이들에 대해 책임을 질 수 있다. 또 죄를 덮어쓰고 벌을 받는 어린이가 느끼는 불안감에서 벗어날 수 있다. 다시 말하면 많은 사람의 삶을 파괴하고, 아직도 그들을 어린 시절에 붙들어 매고 있는, 불복종에 대한 숙명적인 불안감에서 벗어날 수가 있다. 우리는 성인이기 때문에 적절히 도움을 받으면, 이런 사슬에서 벗어날 수가 있고, 삶에 없어서는 안 될 중요한 정보를 얻을 수 있다. 더 나아가 교육자와 종교 지도자들이 불안을 이기지 못해 우리에게 했을 뿐인 이야기에서 심오한 의미를 찾아내려고 애쓸 필요가 없다는 사실을 마음 편히 받아들일 수도 있다. 그럴 필요가 없다면, 우린 이제 더 이상 비논리적인 것에서 심오한 논리를 찾아내라고 강요받는 어린이가 되지 않아도 된다. 이 얼마나 놀랍고, 마음을 가볍게 해주는 일인가! 이는 마침내 우리가 성인으로서, 현실을 외면하지 않을 권리, 비논리적인 이유에 저항할 권리, 우리의 앎과 이야기에 충실할 권리를 획득했다는 뜻이다. 물론 아직도 많은 철학자와 신학자들은 그런 일을 하고 있지만 말이다.

눈감아 온
어린 시절의 진실

1

어린 시절 폭력과 체벌 속에 자란 아이들은 모든 잘못이 자신의 탓이라고 여기게 된다.
어른이 된 후에도 그들의 내면세계는 텅 비게 되며 자기 자신의 감정을 잃어버린다.

동시에 폭력은 그들을, 몸에 저장되어 한 번도 표출된 적이 없던 분노를

다른 사람에게 터뜨릴 절호의 기회를 호시탐탐 노리는 인간으로 만들었다.

┃추측건대 문명이 시작된 이래 인간
은, 악의 근원은 어디이고 그것을 내쫓는 방법은 무엇인가 하는
질문을 줄곧 던져왔을 것이다. 어렴풋이나마 사람들은 어린 시절
부터 악에 물든다고 느끼고 있었다. 그리고 많은 경우 그것을 악
마의 탓으로 돌리고, 나중에는 인간이 타고난 파괴적 충동 탓으로
돌리기도 했다. 악을 추방하고 착한 성격을 형성하는 수단으로 징
벌과 구타를 권장하는 일이 아주 많았다.

이런 견해는 오늘날도 볼 수 있다. 물론 악마가 자기 아이를 우
리 요람에 뉘어 놓았기 때문에, '악마가 바꿔치기한 사악한 아이'
를 엄하게 교육해야 한다는 허황된 이야기를 믿는 사람은 없다.
하지만 아직도 인간을 충동하여 범죄를 저지르게 하는 유전자가
있다는 주장을 철석같이 믿는 사람들은 있다. 수많은 사례를 통해
서 그러한 가설이 잘못되었음이 입증되고 있는데도, 그들은 굳이
인간을 범죄로 내모는 유전자를 찾으려고 든다. 그런데 이처럼 유

전자 이론을 옹호하는 사람들 가운데, 예컨대 독일에서 제3제국(히틀러 집권 시기의 독일-역자주)이 성립되기 30~40년 전에 악성 유전자를 가진 어린이가 많았던 이유와, 그들이 성인이 되어서 마음속에 히틀러의 계획을 수행할 만반의 준비를 하고 있었던 까닭이 무엇이었는지를 유전자 이론으로 설명하려고 노력한 사람은 한 사람도 없었다.

많은 사람이 처음부터 악하게 태어난다는 허무맹랑한 견해가 거의 모든 문화권에 퍼져 있다. 하지만 이것이 과학적으로는 전혀 근거가 없다는 사실이 속속 밝혀지고 있다. 얼마 전까지만 해도, 인간이 태어날 때 뇌는 이미 성장을 마쳤다고 생각했다. 그런데 사실은 그게 아니라 생후 며칠, 몇 주 그리고 몇 달에 걸친 경험이 뇌의 구조를 결정한다는 것이 밝혀졌다. 특히 감정이입 능력을 형성하는 데 꼭 필요한 것이 바로 애정 어린 관심이다. 애정 어린 관심을 받지 못하면, 다시 말해서 애정 어린 관심 대신 학대와 무시를 당한 어린이는 감정이입 능력을 형성하지 못한다.

물론 인간은 하나의 역사, 곧 임신에서 출산에 이르는 9달이라는 역사를 가지고 태어난다. 그리고 인간에게는 당연히 자기 부모와 부모의 가계(家系)에서 물려받은 유전적 특징이 있다. 그 두 가지가 모여 인간의 기질, 곧 성향과 재능, 소질을 결정하게 된다. 인간의 성격은 아기가 모태 안에서 그리고 삶의 첫발을 내딛는 시기에 관심과 보살핌, 애정과 이해를 받았느냐, 거절과 냉대, 몰이해와 무관심을 경험했느냐에 달려 있다. 폭력은 더 말할 나위도 없다. 오늘날 살인을 저지르는 어린이들을 보면, 미성년 약물 중독 어머니에게서 태어난 경우가 많다. 이런 아이들이 애정과 보살 핌 부족으로 정신적인 외상을 입는 일이 많다.

최근에 신경생물학은 정신적 외상을 입고 심하게 방치된 아이 들의 뇌를 관찰하여, 감성조절 영역에서 손상 흔적이 뚜렷하게 나 타난다는 사실을 밝혀냈다. 뇌의 3분의 1에 이르는 부분이 훼손 되어 있었다고 한다. 이를 과학은 이렇게 설명한다. 유아기에 심 각한 정신적 외상을 입은 경우에 스트레스 호르몬이 과다하게 분 비되어, 기존 신경세포와 새롭게 형성되는 신경세포들을 파괴하 고, 또 그것들끼리 결합하는 것을 방해한다는 것이다.

전문 학술서적에서는 이러한 연구 성과들이 어린이의 성장을 이해하는 데 미치는 영향, 그리고 정신적 외상과 방치가 나중에 불러올 결과의 심각성에 대한 토론이 거의 이루어지지 않고 있다. 내가 아는 한 그렇다. 하지만 이런 연구 결과들은 20년 전에 내가 다른 방법으로, 다시 말하면 환자들에 대한 분석적 작업과 교육학 문헌들에 대한 독서를 바탕으로 정리하여 『태초에 교육이 있었다』 는 책에 기술했던 내용을 완벽하게 뒷받침해준다.

이 책에서 나는 '부정의 교육'을 주장한 문헌들을 인용했는데, 그것들을 보면 이른 어린 시절에 어린이를 말 잘 듣고 예의바른 아이로 키우는 교육을 해야 한다고 말한다. 이것은 내가 (그리고 나중에는 독자들이) 제3제국에서 독일인들이 (이를테면 아이히만[2])

---

2) 아돌프 아이히만(Adolf Eichmann) : 히틀러 밑에서 하인리히 히믈러(Heinirich Himmler)와 함께 유대인 말살 정책과 인간 생체실험을 집행했던 주역: 역주

처럼) 눈곱만큼의 망설임도 없이 완벽한 살인기계로 행동했던 이유를 이해할 수 있게 해주었다. '히틀러의 사주에 따라 제 발로 사형집행자'가 된 그들은 그제야 아주 어린 시절부터 보관해온 계산서에 기록된 빚을 받아내려고 들었다. 유아기와 유년기를 거쳐 폭력 속에서 자라는 동안에는 그 폭력에 대응할 수 없었기 때문이다. 프로이트가 말한 '죽음의 충동'이 그들 몸에 파괴적인 잠재에너지를 형성해 준 것이 아니었다. 그것은 이른 어린 시절부터 감정적 대응을 억압당해 온 결과였던 것이다.

19세기 후반 독일에서는, 예컨대 다니엘 G. M. 슈레버 같은 교육학자들이 쓴, 폭력적인 제안을 담은 책이 무려 40판을 거듭하며 출판되었다. 이런 사실을 통해 우리는, 대부분의 부모들이 자식을 복종하는 아이로 키우려면 매를 들어야 한다는 주장을 철석같이 믿고 이에 따랐다는 결론을 얻을 수 있다. 그렇게 양육된 아이들은 30년 뒤에 자기 자식들을 똑같은 방법으로 길렀다. 그들로서는 다른 양육 방법을 알 수가 없었다. 유대인 대학살이 벌어지기 30~40년 전에 태어나, 아주 일찍부터 폭력에 길이 든 어린이들은 나중에 히틀러의 공범자가 되었다. 나는 이것이 이른 어린 시절에 받은 교육의 결과였다고 생각한다. 잔혹한 폭력을 겪은 아이들은 예속적인 인간이 되었고, 또 다른 사람의 고통을 이해할 수 있는 감성을 키울 수도 없었다. 동시에 폭력은 그들을, 몸에 저장되어 한 번도 표출된 적이 없던 분노를 다른 사람에게 터뜨릴 절호의 기회를 호시탐탐 노리는 인간으로 만들었다. 그들의 몸속에서는 시한폭탄이 폭발할 순간만을 기다리고 있었다. 히틀러는 그런 사람들에게 '합법적'인 속죄양을 제공했고, 그들은 아무런 처벌도 받지 않고, 어린 시절부터 억눌러온 감정과 복수 욕구를 마음껏 발산할 수 있었다.

최근에 발견된 인간의 두뇌 발달에 대한 새로운 내용들은 조만간 틀림없이 우리의 사고방식과, 우리와 어린이들의 관계를 철저하게 변화시킬 것이다. 하지만 오래된 관습은 쉽게 사라지지 않는 법이다. 젊은 부모들이 관습의 짐에서 벗어나 자기 아이들에게 더 이상 손찌검을 하지 않게 될 때까지는 어찌 되었든 확실하게 법을 만들고 이런 사실을 널리 알릴 필요가 있다. 습득한 지식이 부모의 손보다 강하고 빨라서 무심결에 손부터 나가는 일이 아예 없어질 때까지 그렇게 해야 한다.

『삶의 길 *Wege des Lebens*』이라는 책에서 나는 이런 주장들을 훨씬 더 상세하게 다뤘다. 나는 거기서 생후 처음 며칠, 몇 주 그리고 몇 달 동안의 체험이 어린이에게 어떤 영향을 끼치는가를 설명하려고 했다. 그렇다고 해서 그 뒤에 겪은 사건이 아무런 영향을 끼치지 않는다고 주장하려는 것은 아니다. 오히려 그 반대다. 어린 시절에 정신적 외상을 입은 경험이 있는 성인에게, 감정이입 능력이 있는 사람이 곁에 있어주는 것만큼 중요한 것은 없다. 실제로 감정이입을 하려면, 그가 과거에 겪은 고통이 초래한 결과를 알게 되었을 때, 이를 대수롭지 않은 일로 여기지 않아야 한다. 안타깝게도 그렇게 예민한 감수성을 만나기는 참으로 어렵다. 전문가들에게서도 마찬가지다.

생후 처음 몇 달이라는 기간은 성인이 된 후에도 매우 중요하다. 그런데 그 사실은 심리학에서조차 오랫동안 외면당해왔다. 나는 이 미지의 영역에 빛을 비추려 했다. 그리고 여러 책에서 히틀러, 스탈린, 차우체스쿠, 마오쩌둥과 같은 독재자들의 전기들을 다루면서, 그들이 의식하지는 못했겠지만, 어린 시절의 상황을 정치적인 무대 위에서 어떻게 재현했는지 밝힐 수 있었다. 하지만 이 책에서는 과거를 붙들고 씨름하기보다 지금 해야 할 일에 대해 이야기하고 싶다. 어린 시절이라는 요소를 제대로 활용하면, 여러 분야에서 훨씬 더 생산적인 결과를 얻을 수 있다고 확신하기 때문이다.

어린 시절은 보물창고나 마찬가지다. 그런데 그곳에 대한 탐사가 거의 이루어지지 않은 이유는 무엇인가? 왜 사람들은 지금까지는 모르고 있던 장소에서 고통스러운 기억을 만나는 것을 꺼리는 것일까? 나는 사람들이 주저하는 까닭을 이해할 수 있다. 어린 시절의 상황 속으로 감정이입을 하려는 순간, 억눌러왔던 자신의 과거가 되살아나기 때문이다. 우리 가운데 많은 사람은 결코 이런 위험에 몸을 내맡기고 싶어 하지 않는다. 또 다시 자기 힘으로는 아무것도 할 수 없던 과거의 어린 아이로 돌아가는 것을 결코 원하지 않는다. 그런데 이렇게 과거와 대면하면 참으로 커다란 보물을 얻을 수 있다. 일찍이 잃어버렸던 삶의 활기와 감수성을 되찾을 수 있다. 문제는 사람들이 그런 사실을 모른다는 데 있다.

나는 '어린 시절'이라는 보물창고에 대해 관심이 부족한 현상을, 여섯 분야를 예로 들어 설명하려고 한다. 의학, 심리요법, 정치, 교도행정, 종교 교육, 전기(傳記) 연구가 바로 그 여섯 분야다.

우리는 이 여섯 분야가 인간의 어린 시절에 대해 관심이 클 것이라고 예상했지만, 실제로는 그와 정반대였다.

1장

약물로는 치료가 불가능한 마음의 병

약국에 들어가면 목격하는 장면, 곧 나이 많은 사람이 약
봉지에 여러 종류의 약을 가득 채우는 장면은 늘 내게
많은 것을 시사한다. 이 약들은 주치의의 처방전에 따라 약국에서
내준 것이다. 난 가끔 그들에게 주치의와 삶에 대해 이야기를 나
누었는지, 아니면 그저 진찰만 받았는지 물어본다. 사람들은 대개
이렇게 대답한다. "무슨 말이에요? 대기실이 늘 환자로 북적거리
는데, 의사에게 상담할 시간이 어디 있어요! 그리고 도대체 그게
병에 무슨 도움이 되는데요? 중요한 것은 의사가 내 병을 알고 이
해하는 거예요." 나는 또 가끔 그분들에게 평소에 삶에 대해 이야
기를 나눌 사람이 있느냐고 묻는다. 그럴 때마다 이런 대답이 돌
아온다. "도대체 뭘 알고 싶은 게요? 옛날에는 일하느라고 대화
를 나눌 시간이 없었어요. 지금은 그럴 시간이 있기는 하지만, 도
대체 누가 내 인생에 관심이 있겠소? 그것은 내가 알아서 해결할

일이오."

　맞는 말이다. 그건 우리 자신이 알아서 해결할 일이다. 그런데 나이가 들어서 어린 시절에 대해 함께 이야기를 나눌 사람이라도 하나 있으면, 유익하고 도움도 될 것이다. 사람은 체력과 자신감이 약해지는 나이가 되면, 아직 힘이 없던 아이일 적 장면이 얼핏 떠오르는, 이른바 플래시백(flashback)에 특히 민감하다. 그럴 경우 옛날에 도움이 절실하게 필요할 때마다 이를 해결해주던 어머니에게 매달리듯, 약에 매달릴 수 있다. 이와 같은 상징적인 대용품이 많은 사람에게 도움이 될 수도 있다. 하지만 그런 대용품도 주위 사람이 환자의 삶에 관심을 보여주는 것만큼 도움이 되지는 못한다. 또 이렇게 관심을 기울이는 데는 우리가 생각하는 것만큼 많은 시간이 드는 것도 아니다. 자신의 과거로 통하는 문만 열어놓으면 된다. 그 문을 열어놓으면, 어린 시절을 진지하게 받아들여야 삶을 이해할 수 있다는 것을 깨닫게 된다.

　음식 섭취 장애가 대부분 정신적인 이유로 생긴다는 것은 오래 전부터 잘 알려진 사실이다. 의사들은 자신들이 이런 사실을 알고 있다고 주장한다. 그런데 대부분의 의사들은 자신의 감정과 소통하는 데 서툴기 때문에, 자기 어린 시절에 접근하기가 매우 어렵다. 환자가 증세로 말하려는 내용을 의사들이 이해하지 못하는 까닭이 거기 있다. 이해를 하지 못하면 무력감이 들기 마련이어서, 그들은 서둘러 그것을 막으려고 한다. 그렇다면 어떤 방법으로 무력감을 막으려고 하겠는가? 제일 먼저 환자가 말하는 증세를 멈추게 해주는 약품에 의지할 것이다. 그래야 자기가 무능하지 않고,

유능하다는 느낌을 받을 수 있으니까. 그러면 증세들을 진정시키는 방법은 무엇인가?

약, 특히 조제약이 많고, 음식 섭취 장애 같은 경우에는 상세하게 섭생 처방을 하여, 생명과 영양, 건강을 아주 꼼꼼하게 돌본다는 인상을 환자에게 심어준다. 음식 섭취 프로그램을 아주 세밀하게 짜서 종종 체중 증가에 성공을 거둔 병원들을 텔레비전을 통해 보여주기도 한다. 자기만이 예외가 아니라, 다른 사람들도 같은 고통을 겪고 있다는 사실이 심리적으로 영향을 끼쳐, 극단적인 저체중 환자들이 삶에 의욕을 갖고, 더 나아가 음식 섭취에 즐거움을 느끼게 도울 수는 있다.

그러나 그것으로 극단적인 저체중 환자들의 문제가 해결되지는 않는다. 아니 핵심은 건드리지도 못했다고 하는 편이 옳다. 문제는 그들이 왜 삶을 거부하고, 가족을 믿지 못하며, 강제로 영양을 섭취하지 않을 수밖에 없느냐 하는 것이다. 극단적인 저체중 환자들로 하여금 스스로 다음과 같이 질문하게 해주는 병원은 거의 없다. 어찌하여 일이 이 지경까지 되었을까? 어쩌다가 이 병에 걸렸을까? 지금 내 기분은 어떤가? 지금 내가 피하고 싶은 것은 무엇인가? 환자들 스스로 이렇게 묻는 경우는 거의 없다. 그렇기 때문에 대부분의 환자가 의사소통 장애 증상을 보인다. 이는 심각한 비극이 아닐 수 없는데, 이른 어린 시절부터 이런 증상을 보이는 경우도 종종 있다.

이런 문제를 다룬 텔레비전 방송을 본 적이 있다. 청소년 네 명의 이야기를 다룬 프로그램이었다. 병원에서 제공한 기록이 방영

되고, 마지막으로 전문가들이 토론을 했다. 의사들은 거식증은 의학의 가장 커다란 수수께끼이며 그 근원이 어디 있는지 전혀 밝혀지지 않았다는 말만 되풀이했다. 하지만 의술이 발달했으니, 반드시 치유될 수 있다는 믿음을 가져야 한다고 했다.

저널리스트와 의학 전문가들이 토론에 참석했지만, 치료 방법이 향상되어 환자 스스로가 자신의 진솔한 감정을 체험하여 이를 표현할 수 있게 되었다는 이야기는 그 누구도 하지 않았다. 그런 경험이 있는 사람이 토론에 참가하지 않았기 때문일 것이다. 또 개별적으로 그런 의견을 제시해도 대개는 묵살되고 만다. 잘못을 부모에게 전가해야 한다는 불안감이 그만큼 크기 때문이다. 그런데 이렇게 위험을 무릅쓰지 않고는, 대부분의 경우 환자들의 감정과 이야기를 알아낼 수가 없다. 그렇게 했다가 마음속에 죄책감이 되살아날까 두려워 진실을 외면한다면, 부모라 할지라도 자식의 감정과 이야기를 이해할 수 없을 것이다. 그런 식으로 악순환이 벌어진다. 부모들은 아이의 증상에 마음이 아파 도와주고 싶지만, 방법을 알지 못한다. 아이들에게 비난을 받는다고 해서 부모가 목숨을 잃지는 않는다. 부모는 그저 자신이 과거에 했던 일과 대면하면 된다. 이런 사실을 경험하지 못한 의사 또한 청소년이 그렇게 행동하는 이유를 납득하지 못할 것이다. 부모에게는 그렇게 과거의 진실과 대면하는 것이 지금까지 해왔던 것보다 훨씬 더 깊이 있는 대화를 아이와 나누는 계기가 될 수도 있다.

앞에서 언급한 토론에 참가한 전문가들은 거식증을, 전혀 아무런 의미를 가질 수 없는 순전히 육체적인 현상이라고 이야기했다.

시청자 가운데 대부분은 그들의 설명이 그럴 듯하다고 여겼을지도 모른다. 몸무게가 줄어들고, 무기질이 부족한 상태로 열량을 한껏 줄여 영양을 섭취하면 공복감을 느끼지 않게 된다는 말은 쉽게 이해가 된다. 식욕 부진에 심리학적이고 해부학적인 원인이 있다는 말도 마찬가지다. 모두 다 일리 있는 주장이다. 그렇다고 해서 그것이 이른바 병의 원인, 그리고 훗날 그 병이 나타나는 양상을 설명하지는 못한다. 그 근저에는 한 젊은이의 비극, 다시 말하면 자신의 감정을 누구에게도 털어놓을 수 없었던 탓에 겪고 있는 갈등 그 자체를 이해하지 못하는 젊은이의 비극이 있다. 그가 이제 전문가들을 만나 약물치료나 정신과 치료를 받으려 한다. 그런데 그 전문가들도 자기 부모를 비난하기가 두려운 나머지 이런 갈등을 회피하려고 한다. 그들은 어떻게 해야 이 젊은이를 도울 수 있을까? 우선 당사자들이 용기를 내 불쾌감, 고통, 실망, 분노를 분명하게 표현할 수 있어야 한다. 그렇게 하려면 부모를 비난하면서도 두려움을 느끼지 않거나, 이러한 두려움에 익숙하여 개의치 않는 사람이 곁에 있어주어야 한다.

효과적인 치료를 하려면 전문가 자신이 감성적으로 성숙해야 한다. 이는 의심할 여지가 없는 전제조건이다. 어린 시절이 중요하다는 인식이 좀더 널리 확산된다면 치료 전문가, 의사, 사회복지 종사자들의 지원 활동이 질적으로 향상될지도 모른다. 나의 상상이지만 말이다. 하지만 의학계에서는 지금까지도 이 분야를 커다란 금기로 여기는 듯하다.

의학계가 직면한 이 난처한 상황을 진작 꿰뚫어본 사람은 많다.

하지만 그것도 그들이 허망하게 엉터리 의사들의 먹이로 전락하는 것을 막아주지는 못한다. 엉터리 의사들이 갖가지 처방을 대안으로 제시하면서 치유될 수 있다는 희망을 주고, 또 치유에 대한 희망과 믿음이 환자의 판단력과 인간에 대한 이해보다 더 강할 때는 가끔 병이 낫기도 하기 때문이다. 그렇다면 이러한 믿음을 공유하지 못하고, 육체적인 증상으로 고통 받는 사람들은 어떻게 해야 하는가? 지금껏 인정하지 않고 억눌러온 자신의 어린 시절 이야기를 털어놓고 나면, 많은 경우에 고통이 완화된다. 운이 좋아, 감정이입 능력을 가지고 환자의 어린 시절 이야기 속에 숨어 있는 감정적인 암호를 해독해주는 사람을 만났을 때는 특히 그렇다.

오랫동안 나는 증인 없이도 자신의 어린 시절 이야기를 정리할 수 있을 거라고 가정하고 있었다. 그림과 글쓰기의 도움을 받아가며 나 혼자 이 길을 개척할 수밖에 없었기 때문이다. 그런데 마침내 '전문가 증인'을 발견하는 행운을 얻었다. 그리고 그녀가 감정이입 능력을 갖춘 동반자가 되어준 덕분에 비로소 나 혼자라면 절대 감당하지 못했을 진실을 인정할 수 있었다. 그 일은, 육체와 감정이 보내는 메시지에 의심을 품지 않고 마음으로 이를 지극히 진지하게 받아들일 수 있는 자유를 나에게 주었다.

자신의 어린 시절을 스스로 소화할 수 있어서 그것을 우리에게 투사할 필요가 없고, 거기에다 감정이입 능력까지 갖춘 치료 전문가를 만나는 행운을 얻지 못할 수도 있다. 하지만 이야기를 들어주는 사람이 이러한 체험의 중요성을 인식하고, 그것을 대수롭지 않은 일로 치부하지 않는다면, 정신적 외상을 입었던 어린 시절을 누군가에게 이야기하는 것만으로도 우리는 도움을 받을 수 있다. 자신의 연구를 『비밀 고백 *Opening Up*』이라는 저서에 기술한 제임스 펜베이커(James W. Pennebaker) 같은 심리학자가 바로 그렇게 이야기를 들어주는 사람이었다. 여러 실험 가운데 한 실험에서 그는, 예컨대 칸막이가 된 공간에 혼자 들어가 있는 학생들에게 각자 고통스러웠던 체험을 이야기하면서 그때 느끼는 감정을 마음껏 표출하게 했다. 또 다른 집단의 학생들에게는 거의 감정을 건드리지 않는, 예를 들어 속옷 구입이나 그와 비슷한 일에 대해 기술하게 했다. 응답자들은 심리학과 학생이면서, 동시에 대학 의료센터의 외래환자이기도 했다. 실험 결과 다음과 같은 사실이 밝혀졌다. 경험을 털어놓으며 느낀 감정에 몰입했던 응답자들이, 감정과 관계없는 사건을 이야기한 응답자들보다 나중에 의사를 찾는 횟수가 더 적었다. 맥박과 혈압, 심장과 피부 상태같은 몸의 여러 기능을 진단했을 때에도 두 집단은 매우 다른 수치를 보였다.

거기서 펜베이커는 다음과 같은 결론을 이끌어냈다. 관심과 이해를 보여주는 사람에게 고통스러웠던 경험을 털어놓기만 해도 환자의 상태가 좋아질 수 있다는 것이다. 내가 보기에 이는 당연한 일이다. 물론 그렇게 해서 거식증 같은 무거운 병까지 고칠 수는 없겠지만, 치료를 도울 수는 있다. 그런데 의사에게 치료를 받으면서, 이런 기회를 얻기는 하늘에 별 따기만큼이나 어렵다. 우선 의사들은 환자의 이야기에 귀를 기울일 시간이 거의 없다. 또 그럴 시간을 낸다고 해도, 환자의 감정 언어를 올바로 이해할 수 있는 지식이 없다. 마지막으로 가장 중요한 이유는 의사들 스스로 어린 시절에 입었던 정신적 외상이 되살아나는 것을 두려워한다는 것이다.

시카고 출신의 50대 배우 이사벨레는 얼마 전에 어느 내과 의사를 찾아갔다. 여러 사람에게서 한번 가보라는 권유를 받았다고 했다. 그 무렵 그녀는 만성 장염으로 고생을 하고 있었는데, 정신적인 충격을 받은 직후 도진 병이었다. 이사벨레는 만일 다른 사람이 도와준다면, 충격을 받았을 때 느꼈을 여러 가지 감정에 접근하여 장염이 갑작스레 도진 까닭, 병의 의미, 끈질기게 지속되는 이유를 파악할 수 있을 것이라고 굳게 믿었다. 그래서 그녀는 항생제 처방을 거부했다. 열은 없지만, 경련 때문에 고통스러웠다. 이사벨레는 그 경련을 억눌린 영혼이 겪는 고통의 표현으로 느꼈다. 그녀는 이미 여러 의사와 상담했고, 동종요법[3] 의사의 상담도 받았다. 모두 친절하게 그녀 이야기를 들어주긴 했지만, 결국 끝에 가서는 조제약을 처방해줄 따름이었다.

이사벨레는 동종요법 의사에게서 더 많은 관심과 이해를 얻을 수 있으리라 기대했다. 이전에 가장 크게 앓았던 병에 대해 이야기해보라고 하면서, 겉으로 보기에도 주의 깊게 귀를 기울여주었기 때문이다. 시작한 지 10분도 지나지 않아 자신의 주요 관심사

---

3) 질병의 원인이 된 물질을 소량 사용하면 그 증상을 낫게 할 수 있다는 사실을 발견한 사람은 히포크라테스다. 질병과 동종의 물질을 써서 치료하기에 동종요법(homeopathy)이라 하며, 유사성의 법칙에 기반을 두고 있다는 의미에서 유사요법이라 부르기도 한다. 이에 비해 병의 증상이나 원인을 억제하거나, 증상에 반대되는 작용을 유발하여 치료하는 방법을 이종요법(allopathy)이라고 한다. 현대 서양의학의 주된 치료 방법은 이종요법이다.: 역주

를 설명할 수 있게 되자 이사벨레는 만족스러웠다. 의사들이, 이
사벨레가 겪고 있는 심리적인 어려움에 대해서는 신경도 쓰지 않
으면서 약으로 치료할 수 있다고 장담하던 일들이 마치 실타래에
서 실이 풀리듯 풀려나왔다. 그들이 처방해준 약의 부작용 때문에
증세가 사라지기는커녕 고통을 받기도 했다. 그런 일을 겪고 나면
두려움만 커질 뿐이었다.

병의 원인에 접근하려고 노력하면서, 이사벨레는 통증으로 고
통스럽더라도 그냥 참고 견디겠다는 뜻을 동종요법 의사에게 분
명히 밝혔다. 병의 원인을 이해하면 통증이 가라앉을 것으로 믿어
의심치 않았기 때문이다. 그녀는 벌써 여러 기관을 제거하는 수술
을 받았다. 그런데 그때마다 다른 기관에 통증을 느꼈다. 그러면
또 그 기관을 수술했다. 그녀는 더 이상 이런 일을 되풀이하고 싶
지 않았다.

동종요법 의사는 이야기를 들으며 기록도 했다. 그런데 이사벨
레가 이야기를 마치자마자, 처방전 철을 집어 들더니 3주 동안 항
생제 치료를 받으라는 처방을 내렸다. 그는 즉시 치료를 시작해야
한다고 했다. 그러지 않으면 암에 걸려 바로 수술을 받고 인공 항
문을 달아야 할 위험이 있다는 것이었다. 이사벨레는 너무나 놀라
몇 마디 물어보고 싶었지만, 그는 시계를 가리키면서 다른 환자들
이 기다리고 있다고 했다. 또 그녀에게 이제 병이 어떤 상태인지
알았을 테니 의사의 지시를 엄격히 지키지 않을 경우에는 스스로
책임을 져야 할 거라는 말도 덧붙였다.

그 뒤 며칠 동안 이사벨레의 좌절감은 커졌으며 통증도 악화됐

다. 그 후 그녀는 다른 의사의 권유로 여러 가지 진단을 받았다. 그런데 혈압도 정상이고, 초음파 검사를 해도 장에서 특별한 이상을 발견할 수 없었다. 그녀는 항생제 치료를 뒤로 미루고, 심리요법 전문가를 찾았다. 거기서 병을 야기했던 정신적 충격에 대해 이야기를 나눴다. 이사벨레는 자신의 감정과 격한 기분들을 표현할 수 있었다. 그 감정들은 그녀를 이른 어린 시절로 데려다주었다. 그리고 몇 주 지나지 않아 그녀를 괴롭히던 증세들이 가라앉았다. 이사벨레는 어린 시절에 겪었던 어려움이 자기가 앓았던 모든 병에 어떤 영향을 주었는지 좀더 확실하게 이해하기 시작했다.

물론 병을 일으키는 여러 가지 원인을 항상 이렇게 쉽게 찾을 수 있는 것은 아니다. 하지만 일단 원인을 찾아내기만 하면, 놀라운 효과를 거둘 수 있다. 이런 방법으로 치료를 하겠다고 마음먹는 것이 가장 중요한 전제조건이긴 하지만, 환자의 이야기를 의사가 귀담아 들어주는 것만으로도 치료 효과를 거둘 수 있다는 사실을 무시하지 않는 것도 그에 못지않게 중요하다.

의사들이 이사벨레를 대한 방법과 비슷하게 환자들을 대한 예가 무수히 많다는 사실을, 나는 환자 기록부를 통해서 알았다. 그런데 이사벨레의 경험을 끄집어낸 데는 그만한 까닭이 있다. 그녀의 이야기에서 고통 받는 환자 대부분이 피하려 하고, 또 피해야만 하는 역학관계(Dynamik)가 아주 분명하게 드러나기 때문이다. 이런 역학관계는 체면 유지를 위해 자기 자신의 불안감과 무기력감을 은폐하려는 의사들의 절박함에서 비롯된다. 의학이 이사벨레의 삶을 어떻게, 또 얼마나 파괴했는지를 명확하게 설명하는 것은 곧 의사를 어떤 문제 앞에 세우는 것이나 마찬가지라는 느낌을 나는 받는다. 그 문제는 바로 그가 지금까지 한 번도 성찰해본 적이 없던 문제, 곧 맞서고 싶지 않았거나 여전히 인간적으로 감당할 수 없던 문제를 말한다. 맨 처음 이사벨레가 자신의 병을 이야기할 때, 의사는 그녀가 다른 환자들처럼 대학에서 배운 대로 치료하면 될 증상들을 이야기할 거라고 기대하며, 온 마음을 기울일 준비가 다 된 듯한 자세를 보여주었다. 그런데 정작 그녀의 입에서 전혀 다른 이야기가 흘러나왔다. 이사벨레는 의학적인 치료를 받았지만 몸의 여러 기관이 계속 망가지게 된 경위, 수술을 받고 다른 부위를 다시 수술 받을 수밖에 없던 경위를 이야기했던 것이다. 의사가 교육과 실습 기간에 이와 비슷한 사정 이야기를 한 번도 듣지 못했을 리는 없다. 하지만 그가 이사벨레의 병에 심리적인 배경이 있을지도 모른다는 사실을 몰랐던 것은 분명하다. 아마도 그것은 한 환자의 가혹한 자기파괴 행동에 어린 시절의 비극적인 이야기가 어떻게 반영되고 있는가를 대학에서 전혀 가르치지 않았기 때문일 것이다.

여기서 자기파괴라고 말해도 괜찮은 것일까? 여러 전문가가 간곡히 권하고, 살 수 있는 유일한 기회라고 강요하는데 환자가 수술을 거부할 수 있을까? 환자가 이런 권위자들 말고 누구에게 조언을 구하겠는가? 그렇다 하더라도 불안감과 그 밖에 다른 감정들을 아이에게 전가하지 않고 스스로 해결하는 부모 슬하에서 어린 시절을 보낸 사람이라면, 이사벨레의 사정 이야기를 듣고, 의사가 자신의 불안감을 환자에게 떠넘기려 했다는 사실을 금세 알아차

릴지 모른다. 기만과 학대를 당하지 않고 자란 사람은 어린 시절에 틀림없이, 감정을 아이에게 전가하는 부모를 행동의 본보기로 삼을 필요가 없었을 것이다. 또 바로 그랬기 때문에 무의식적인 조작을 당할 때, 이를 꿰뚫어보는 능력을 키웠을 것이다. 그러나 어린 시절, 마음에 동요가 일어날 때 이를 낱낱이 밖으로 표현할 수 있던 사람이라면 아마 만성 장염으로 고생하는 일도 없을 것이다. 그런 사람들이 심신질환을 앓을 개연성은 거의 없다. 그에 비해 전혀 다른 정신자세, 즉 의문을 제기하지 않고, 낯선 불안감을 받아들이고, 모순된 일이 있어도 참고, 힘의 논리에 굴복하는 마음가짐을 형성한 이들은 심신질환을 앓게 됐을 것이다. 상황이 유리하게 전개되어 삶의 방향이 바뀌지 않는 한, 그들은 아마도 평생을 이렇게 살아야 할 것이다.

　의사와 대화를 나눈 것이 이사벨레에게는 전환점이 되었다. 자기 이야기를 듣고도 의사가 간파하지 못한 점이 무엇인지, 그녀는 일일이 기억했다. 이제 결론은 자기 몫이라는 사실이 분명해졌다. 저명한 의사라고는 하지만, 처음 보는 남자가 10분 안에 자신의 비극을 파악하기를 기대할 수는 없는 노릇이었다. 그는 그런 교육을 받지 않았을 뿐 아니라, 그럴 마음도 없었다. 자기 몸이 보내는 메시지를 알아듣는 것은 그녀의 과제였다. 그녀만이 그것을 할 수 있고, 또 해야 했다. 몸에 나타난 증세들이 이른 어린 시절에 있었던 사건을 이야기하고 있으며, 이 사건에 접근하려면 동반자가 필요하다는 사실을 이사벨레는 뚜렷하게 의식했다. 스스로는 어린아이의 고통을 밝힐 수가 없고, 또 혼자서는 그것을 견딜 수도 없을 것이라는 느낌이 들었다. 어린 시절에 비슷한 경험을 했기에, "여기 보세요. 내게 이런 일이 있었어요." 하고 말해줄 수 있고, 그것을 진지하게 받아들일 준비가 되어 있는 증인을 찾아야 했다. 마침내 이사벨레는 그러한 동반자를 발견하여, 몇 달 전에 받았던 정신적 충격을 감성적으로 극복할 수 있었다. 그리고 그 동반자의 도움으로 어린 시절에 자기를 온통 사로잡았던 총체적인 무력감도 밝혀낼 수 있었다. 50년 동안 아버지를 이상화하며 살던 끝에, 이제 이사벨레는 치료 전문가의 도움을 얻어 진실을 받아들이게 되었다.

어린 시절 그녀는 피부과 의사로 크게 성공을 거둔 아버지에게 성추행을 당했다. 자신의 감정을 누구에게도 털어놓지 못한 이사벨레는 걸핏하면 복통과 변비로 고생했다. 아버지가 자주 관장을 해주었지만, 그것은 그녀에게 더 큰 고통이었다. 게다가 아버지는 관장약이 바깥으로 새나오지 못하게 하라고 강요했다. 상징적인 차원에서 볼 때, 이런 요구는 아이에게 입을 다물고, 혼자 고통을 감당하고, 아버지의 폭력에 복종하라는 의미다. 폭력이 그 야만적인 행태를 공공연하게 드러낸 적은 한 번도 없었다. 폭력은 오히려 아이의 개성을 무시하는 태도를 통해 훨씬 더 적나라하게 그 모습을 드러냈다. 아버지는 이사벨레를 자기에게 만족을 제공하는 대상으로 전락시켰다. 자기 행동이 딸의 인생에 어떤 영향을 줄지는 눈곱만치도 고려하지 않았다. 그것이 바로 이사벨레가 수십 년 동안 고분고분 의사들의 말에 따랐던 원인이기도 하다. 어린 딸이 아버지에게 복종하지 않을 수 없었던 것처럼 말이다. 그

때 그녀에겐 다른 선택이 없었다. 어머니의 보호를 받지 못했기 때문이다.

그런데 왜 그녀는 성인이 돼서도 그렇게 살았을까? 교육받은 성인이니 틀림없이 자기 이야기를 귀담아 들어줄 의사를 찾을 수도 있었을 것이다. 그런데 왜 그렇게 하지 않았을까? 지금 와서 이사벨레는 말한다. 아버지가 실제로 자기를 어떻게 대했는지 알지 못하는 한 그럴 수가 없었다는 것이다. 그녀는 마리 프랑세 이리그와이앙(Marie-France Hirigoyen)이 쓴 『가면 뒤의 비열한 행위 *Die Masken der Niedertracht*』를 읽고 난 뒤, 내게 와서 마침내 자기 삶을 풀 열쇠를 찾은 것 같다고 했다. 책에서 읽은 정신분석을 통해 이사벨레는 부모의 '과오'를 지적할 수 있었으나, 성인이 된 마당에 이해하고 넘어가는 수밖에 없었다.

나이 쉰에 장에 병을 얻고 여러 번 수술을 받고 난 뒤에 그 책을 접한 이사벨레는 깨달은 바가 있었다. 계속 아버지를 이상화하려고 고집하고, 몸이 보내는 메시지를 무시했더라면, 자기 삶은 파괴되었을 거라는 사실이다. 그녀는 『가면 뒤의 비열한 행위』에서 어떤 성도착 증세에 대한 설명을 발견했다. 그녀의 몸은 그 성도착 증세의 특징을 너무나 잘 알고 있었다. 하지만 그녀의 머리는 아버지에게 그런 특징이 있었다는 사실을 인정하지 않으려고 했다. 그걸 인정하려고 하지 않았기 때문에, 가감 없는 진실 앞에 마주설 때까지 육체적인 고통이 가라앉지 않았던 것이다.

자기 입으로도 '충격적인 체험'이라고 일컫는 경험을 몸에 지니고도 그녀는 어느 누구에게서도 공감이나 이해를 얻지 못했다.

그런데 아주 이른 어린 시절에 벌어졌던 일을 확인하고 난 뒤에야 비로소 그 까닭을 이해할 수 있었다. 그녀가 털어놓고 싶었던 진실 뒤에는, 아무 말도 하지 못하고, 외톨이가 되어 오로지 어른들이 이해해주기만을 기다리는 어린 소녀의 아픔이 숨어 있었다. 게다가 이사벨레는 무슨 일이 있어도 아버지에 대한 사랑을 지키고 싶었다. 그런 까닭에 그동안 충격이 감지되었는데도, 그 체험의 총체적인 내용이 드러나지 않았던 것이다.

겉으로만 보면, 사실 시끌벅적한 소동이나 사고, 심근경색 등 당장 주위 사람들의 동정을 샀을 법한 사건 같은 것은 전혀 일어나지 않았다. 다만 이제껏 모범적으로 살려고 했는데, 그것이 삶과 건강, 인간관계를 파괴했기 때문에 이제는 뭔가 근본적인 대책을 세워야겠다는 깨달음이 마른하늘에 날벼락 치듯 이사벨레의 뇌리를 때린 것뿐이었다. 이러한 깨달음에 도달하게 된 경위를 밝히려면, 몇 가지 자세한 설명이 필요하다.

정신적인 충격을 받은 것은 이사벨레가 객원 출연을 위해 극단 단원들과 함께 더블린에 갔을 때였다. 더블린은 그녀가 어린 시절을 보낸 곳이다. 거기서 그 시절 남자친구였던 존을 만날 계획이었다. 존은 그녀에게 항상 자기를 좋아하고 이해해준다는 느낌을 주던 친구다. 30년 전 이사벨레가 미국으로 건너가면서 두 사람은 헤어졌다. 그녀는 미국에서 결혼하여 아들 둘을 낳았으나, 짧은 결혼생활 끝에 남편 베른하르트와 이혼하고 말았다. 존은 가끔 생각이 났다. 아일랜드라는 곳이 이사벨레에게 낯선 나라가 되었기 때문이다. 하지만 그를 기억할 때면 항상 마음이 훈훈해졌다. 스스로에게 가끔 물어본 적도 있다. 왜 나는 존 곁에 머물지 않았을까? 그는 정말 나를 사랑했는데. 내가 행복을 피해 도망친 것은 아닐까?

이사벨레의 상상 속에 존재하는 존은 수줍고 꿈 많은 소년이었다. 그녀를 우러러보면서 아무것도 바라지 않던 사내아이였다. 지금 함께 사는 피터는 전혀 다른 남자였다. 끊임없이 이사벨레의 마음을 확인하려 들고, 조금만 실망스러워도 벌컥 화를 냈다. 그녀가 객원 출연을 위해 아일랜드에 갈 때도, 늘 그랬듯이, 함께 가지 않았다. 이사벨레가 수도원 부속학교를 갓 졸업했을 무렵의 그 더블린 소녀를 다시 만나봐야겠다는 마음을 품었던 것도 그런 연유다. 당시 이사벨레는 매질, 모욕, 끊임없는 통제, 사소한 저항의 기미만 보여도 끌려가 갇히곤 하던 어두운 방, 그 모든 것을 되도록 빨리 잊으려 했다. 마침내 자유의 몸이 되었기 때문이다. 그녀는 존이 당시 자기가 느꼈던 분노, 불안, 고독을 얼마나 많이 알고 또 느끼고 있었는지 그의 입을 통해 듣고 싶었다.

그러나 다시 더블린에서 만났을 때, 존은 과거의 이사벨레에 대해 아무것도 기억하지 못했다. 심지어 그녀의 기억과는 전혀 다른 말을 하기도 했다. "아니야. 당신 기억이 잘못된 거야. 당신은 그때 명랑하고, 쾌활하고, 활기에 넘치고, 거리낌 없는 소녀였어. 당신에게서는 아픔이라는 것을 전혀 느낄 수가 없었어. 우리끼리 춤추고, 음악회에 가고, 연극을 보러 다닌 적이 많았는데, 기억나지 않아? 당신은 인생에 대해 호기심이 많았어. 그리고 나는 그런 당신을 무척이나 우러러보았고." 존은 이렇게 말했다.

이사벨레는 왜 자기가 실망했는지 도무지 알 수가 없었다. 존은 다정했으며, 또 그가 말한 것은 진실이었다. 당시 존은 그녀의 겉모습만 보았던 것이다. 존을 만난 후 이사벨라는 어린 시절을 보낸 도시 더블린의 낯선 호텔에서 잠을 자다가 한밤중에 눈을 떴다. 장에 격렬한 산통(疝痛)이 몰려왔기 때문이다. 의사를 부르고 싶지는 않았다. 통증이 존과 재회한 일과 관계가 있다는 생각은 들었지만, 구체적으로 무엇이 자기에게 그런 통증을 안겨주는지는 알 도리가 없었다. 아침이 되자, 그제야 하염없이 눈물이 쏟아지며 마음속에서 정신적인 고통이 치솟았다. 당장이라도 복부의 경련을 대신할 태세였다. 서서히 머릿속에서 낱말들이 꿰어 맞춰지기 시작했다. "존은 한 번도 내 아픔을 본 적이 없어. 내게서 쾌활한 소녀의 모습만 보았어. 내가 쾌활했던 적도 더러 있었겠지만, 나는 존과 나 자신에게조차 많은 것을 속였어. 나의 본래 모습을 본 사람은 아무도 없었고, 그 모든 고통을 지니고 있으면서도, 난 늘 혼자였어." 존이 이른바 '전문가 증인'이 될 수 있으리라는 희망은 환상이었음이 드러났다.

그녀는 격렬하게 흐느꼈다. 그렇게 울어보기는 생전 처음이었다. 그런 고통을 안고 혼자 있어서는 안 되겠다 싶어 피터에게 전화를 걸려고 했다. 하지만 조심스러운 이사벨레는 그 시간에 그를 깨우고 싶지 않았다. 그래서 시카고에 아침이 올 때까지 7시간을 더 기다렸다가, 잠시 자기 얘기를 들어줄 수 있겠느냐고 물었다. 혼자 울고 싶지 않았기 때문에, 얘기를 들어주기만 하면 족했다. 피터에게 자기를 위해서 뭘 해달라고 부탁하는 것은 쉬운 일이 아니었다. 그에게 그런 부탁을 해본 적이 없었기 때문이다.

하지만 그 순간에는 가까운 남자에게서 공감을 얻고 싶은 소망이 너무나도 절실했기 때문에 조심하고 말고 할 여유가 없었다. 나중에 이사벨레는 이렇게 말했다.

"피터가 나를 이해해주기 바랐어요. 나도 나 자신을 속속들이 이해할 수 없었거든요. 다시 말해서 '사소한' 일로 왜 그렇게 눈물이 갑자기 펑펑 쏟아지는지 그 이유를 알 수가 없었어요. 이해까지는 아니어도, 다정하게 한 마디 해주는 것만도 내겐 도움이 되었을 거예요. 그런데 내가 들은 것은 마구 나를 나무라는 소리뿐이었어요.

내 전화를 받더니 피터는 엄청나게 짜증을 냈어요. 내가 이야기를 털어놓기 무섭게, 그는 지금 변호사 사무실에 가서 지겹도록 사람들의 하소연을 들어주어야 한다고 했어요. 그는 내가 무대 위의 연극에 만족을 하거나 안 하거나, 매사를 연극처럼 과장한다고 했어요. 마침내는 나더러 돌아오라고 했어요. 하지만 그 사람 말을 듣지 않았어요. 자기가 태어난 도시를 찾아갔을 때, 기억들이 되살아나는 것은 아주 당연한 일이니까요. 그런 일은 곧 지나가는 법이고요."

통화를 끝낸 이사벨레는 평소처럼 피터를 이해하려고 노력했다. 그의 부당한 요구, 자기의 격한 감정에 대한 그의 불안감도 이해하려고 했다. 그런데 그녀의 몸은 마음을 따르려 하지 않았다.

당장 새로운 산통이 밀려들었다. 몸이 실망하고 있다는 신호였다. 이사벨레는 어쩔 수 없이 의사를 찾았고, 의사는 그녀에게 동종요법을 처방했다. 뜬눈으로 밤을 지새웠지만, 저녁 때는 무대에 설 수 있었다. 하지만 허탈감과 슬픔이 너무나 커서 이튿날 미국으로 오고 말았다. 시카고에서도 다시 통증이 몰려왔다. 그렇게 해서 그녀는 '만성적인 환자'가 되고 말았다. 이사벨레는 수많은 의사를 찾아다녔고, 수없이 많은 약을 삼켰다. 오랜 방황 끝에 심리요법 전문가를 만났고, 마침내 그녀는 아버지의 성적 학대가 지금까지 자기 삶에 어떤 영향을 끼쳤는지 깨달았다.

나는 단순히 부녀간의 근친상간을 밝힌 것만으로 이사벨레가 치료되었다고 생각지는 않는다. 진실을 규명하다 보면, 그와 관련된 격한 감정들이 동반되기 마련이다. 그래서 진실 규명은 치료의 필요조건이긴 하지만, 충분조건은 결코 될 수가 없었다. 결정적으로 중요한 것은, 그것이 이사벨레에게 그 밖의 다른 모든 사실을 밝히겠다고 결심할 수 있게 해주었다는 사실이다. 그녀는 지금까지 있었던 남자관계를 빠짐없이 돌이켜보았다. 거기에도 어린 시절의 성적 학대와 그것을 인정하지 않으려는 그녀의 마음이 각인되어 있었다. 이제 과거를 밝힘으로써 그녀는 피터에 대한 태도를 고칠 수가 있었다.

더블린에서 충격을 받고, 전화통화에서 피터가 보여준 퉁명하고 냉정한 반응을 겪으면서, 이사벨레는 자기가 처한 현실을 남자들이 외면할 때마다 더욱 커다란 고통을 받는다는 사실을 깨달았다. 또 그렇게 된 데는 자기 탓이 매우 크다는 것도 깨달았다. 그들 앞에서 진정한 자기 자신과는 전혀 다른 이사벨레를 보여주었기 때문이다. 존에게 이사벨레는 청소년 시절을 함께 지낸 단순하고 쾌활한 소녀였다. 이혼한 남편 베른하르트와 그 뒤에 만난 피터에게 그녀는, 아무것도 바라지 않으면서 그들이 원하기만 하면 무엇이든 들어주는 사람이었다. 어머니였기 때문에 두 아들에게는 처음부터 자연스럽게 이런 태도를 보여주었다. 하지만 가끔은 자기에게도 거절할 권리가 있음을 시위하기도 했다. 그런데 하필이면 그걸 시위한 상대가, 무슨 요구든 들어주는 것이 당연할 수도 있는 두 아들이었다. 유독 그들에게만 자기 권리를 주장했던 것이다. 두 아들은 그 점을 이해하지 못했고, 그것은 그녀에게도 상처가 되었다. 이사벨레가 자신의 감정을 진솔하게 드러낼 수 있는 곳은 무대뿐이었다. 하지만 무대 위에서 표현한 감정은 안타깝게도 자기가 연기하는 다른 사람의 감정이었다. 그녀에게는 자기 자신을 주장할 권리가 없었다. 이 자명한 권리를 사람들이 너무 일찍 이사벨레라는 아이에게서 빼앗았기 때문이다. 그 다음부터는 그녀 스스로 그 권리를 계속 억눌렀다. 무려 50년 동안.

　존을 만났던 날 밤 처음 찾아온 그 끔찍했던 통증은 이사벨레에게 다음과 같은 의문을 던져주었다. 도대체 나는 누구일까? 내가 맺고 있는 인간관계 속에서 내가 온전하게 존재하지 못하는 까닭은 뭘까? 나는 사람들이 봐주지 않으면 마음이 아프다. 그런데도 그들 앞에 나를 드러내지 않고, 참 모습을 숨긴다. 그런데 어떻게 다른 사람들이 나의 참모습을 볼 수 있단 말인가? 도대체 나는 왜 그러는 것일까?

나중에 심리요법 치료를 받으면서 이사벨레는 이러한 의문에 대답할 수가 있었다. 어쩌면 태어나면서부터 부모에게 인간으로 인정받지 못하고 욕구 충족의 대상으로 이용만 당하는 아이의 고통을 피하려고 생존전략을 추구하지 않을 수 없었음을 차츰 깨닫게 되었다. 이런 고통을 피하기 위해서 이사벨레는 자신의 감정과 욕구를 배제하고, 다른 사람들과 자기 자신에게조차 그것을 숨기고, 그런 것은 없다는 듯 처신하는 방법을 터득했던 것이다. "마치 나 자신을 살해해버린 것 같았어요." 지금에 와서 그녀가 하는 말이다. 그녀는 어린 시절에 스스로 인격을 분열시켰다고 생각한다.

심리요법을 통해 이사벨레는 아버지에게 성적 학대를 당했을 때, 이미 스스로 인격을 분열시켰다는 사실을 이해했다. 또 자기가 사랑했고, 그 사랑 때문에 자기 마음에 깊은 상처를 준 사람에게 자신의 참 모습을 숨기는 방법도 터득했으며, 그가 자기를 인간으로 대하지 않았음도 이해하게 되었다. 나이 50줄에 든 여자로서, 이제야 그녀는 내 눈을 똑바로 쳐다보며 이렇게 말할 수 있었다.

"사실을 몽땅 털어놓고 싶은 마음이 간절해요. 그것도 바로 당신 앞에서 말이에요. 『넌 몰라도 돼』를 쓴 분이니까요. 아버지에게 내 몸은 자위행위를 위한 도구에 지나지 않았어요. 그 사실을 깨달았을 때 기분이 어땠는지 상상할 수 있으세요? 그런 식으로 내 인생을 망가뜨리면서도, 아버지는 단 한 순간도 그 점을 고민하지 않았어요. 나라는 존재는 아버지에게 사람, 곧 감정을 가진 인간이 아니었어요. 그 사실을 털어놓을 때마다 마음이 아파요. 그렇긴 해도 아버지가 날 사랑했다는 환상에서 기필코 벗어나야만 했어요.

고통을 처음 느낀 것은, 나에게서 오로지 쾌활한 소녀의 모습만 보았다는 말을 존에게 들었을 때였어요. 더블린에서 그렇게 밤을 보낸 것이 지금은 다행이라고 생각해요. 얼마간 더 살아야 할 삶이 여전히 내 앞에 놓여 있으니까요. 그 삶은 이 저주를 풀어줄 거예요. 나 자신을 숨길 필요도 없어요. 이미 일어난 사실을 피해 숨지 않아도 되니까요. 그 사실을 철저하게 부정하는 동안, 나는 끊임없이 파트너를 찾아다녔지만, 애당초 그들은 참된 나를 만날 수가 없었어요. 이제는 용감한 소녀인 척하지 않기로 했어요. 드라마의 배역에서 진정한 자아를 찾지도 않기로 했어요. 나 자신이 되어, 있는 그대로 살기로 작정했어요. 그 뒤부터는 더 이상 산통을 느끼지 않아요."

100년보다 더 오래 전에 프로이트는 근친상간 경험을 억압하면 노이로제로 발전하는 예가 많다는 사실을 발견했다. 그때 그는 환자를 치료하려면, 필요할 경우 최면의 도움을 얻어 그 억압과 부정을 해소하는 것으로 충분하다고 생각했다. 그런데 대부분의 경우 성공을 거두지 못했기 때문에 그는 노이로제의 근원이 어린 시절에 받은 정신적 외상을 부정하는 데 있다는 가설을 포기하고 정신분석을 통한 치료 방법을 개발했다. 알다시피 정신분석학을 통한 치료는 이러한 가설을 부정한다.

나는 이사벨레의 이야기가 프로이트의 환자들이 치료에 성공하지 못한 이유를 이해하는 데 도움을 준다고 생각한다. 이른 어린 시절의 생존전략에서 벗어나고, 기만당한 아이에게 믿음을 되찾는 길을 열어주기 위해서는 억압을 해소하는 것으로는 충분하지가 않다(최면도 전혀 도움이 되지 않는다. 방어 장벽을 의도적으로 경시하는 경우가 많기 때문이다). 어른 속에 꼭꼭 숨어 있는 아이에게 혼자 힘으로 일어설 수 있는 용기를 주기 위해서는 교육적인 조치를 취하고, 조리 있게 설득하는 것으로는 충분하지가 않다. 진실이 담겨 있는 몸을 따로 떼어놓는 한 그것은 불가능하다. 먼저 어린 시절의 생존전략에 담긴 진실과 그것의 논리적 일관성을 밝혀내야 한다. 그래야 어린 시절의 생존전략을 벗어던질 수가 있고, 그것이 거의 자동적으로 되풀이되는 것을 막을 수 있다.

치료에는 다음 두 가지가 다 필요하다. 먼저 어린 시절에 입은 정신적 외상 앞에 마주서야 한다. 그리고 아이가 참을 수 없는 고통을 느끼지 않으려고 세워놓은 수많은 보호기제를 밝혀내야 한다. 어른에게는 둘 다 가능한 일이다.

이사벨레는 자기가 내과 의사에게 지나친 기대를 하고 있었음을 오래 전부터 알고 있었다. 또 의사에게 한계가 있긴 했지만, 지금에 와서는 그것을 나쁘게 생각지 않는다고 말한다. 그러나 이를테면 의사가 그녀에게 "제대로 치료를 받고 있다"는 말만 해줬어도 도움이 되었을 것이라고 생각한다. 장은 유난히 민감한 기관이어서, 정신적인 고통에 경련으로 반응을 보이는 경우가 아주 많다. 그러므로 복통을 느끼면 전문가와 정신적 충격에 대해서 이야기해야 한다. 그것만으로 아주 큰 효과를 볼 수가 있다.

의사들이 환자의 이야기를 무시하고 불안감을 불어넣는 대신, 대화를 나누려는 마음가짐을 갖추고 있다면, 수술을 받는 환자도 줄어들고, 비극도 피할 수 있을 것이라고 나는 굳게 믿는다. 이사벨레처럼 원인이 복잡한 환자에게 해결책을 찾아주거나, 또는 몸에 나타나는 증세의 감정적인 원인을 인지하는 데 그치지 않고, 어린 시절에 일어난 사건 속에서 이 감정의 온상을 찾아낼 수 있게 해주리라고 내과 의사에게 기대하는 사람은 아무도 없다. 그러나 그가 자신의 한계를 인정하고 심신 질환이라는 것이 있다는 사실을 알고 있었다면, 이사벨레가 병의 진짜 원인을 밝히기는 더 쉬웠을지도 모른다. 그런데 그는 환자에게 권력을 행사하면서 불안을 전가하는 데 그치고 말았다.

여기서 대체의학을 광고하고 싶은 생각은 추호도 없다. 결코 그런 의도가 아니다. 다만 몇 가지 실례를 통해서 내가 하고 싶은 말은, 어린 시절이라는 요인을 무시하지만 말고, 이를 의학 교육에 포함시키면 의학에도 득이 될 수 있다는 것이다. 물론 심리요법에 대해서도 같은 말을 해주고 싶다.

2장

어린 시절의 진실을 외면하는 심리치료의 한계

비 전문가들은 심리요법 전문가들이 고객의 어린 시절 이야기에 깊이 파고드는 것을 당연하다고 여길지 모른다. 하지만 꼭 그래야 한다는 규칙은 없다. 그와는 반대로 심리요법에는, 치료 과정에 어린 시절을 제외하거나, 정 비켜갈 수 없을 때에만 잠깐 들렀다 가는 분파도 많다. 심지어 어린 시절 속으로 파고들면 해롭다고 생각하는 심리요법 전문가도 매우 많다. 환자가 스스로를 다 성장한 책임 있는 인간이 아니라, 희생자라고 느끼게 될 것이라는 이유에서다.

나도 성인은 자기 행동에 책임을 져야 한다고 확신하며 또 그가 어린 시절에만 무력한 희생자였다고 굳게 믿는다. 그런데 내 생각에는, 과거에 있었던 일을 알면 자신을 늘 무력한 희생자로 느끼는 원인을 파악하기가 쉽다. 심리요법을 통해서 이를 깨닫게 되면, 자신이 희생자라는 정신자세를 환자 스스로 벗어던질 수 있다. 행동장애 제거 심리요법(Verhaltenstherapie) 전문가들의 도움으로 불안감을 덜 느끼게 되었다고 주장하는 사람들이 있기는 하다. 우리는 그에 대해 축하의 말밖에 해줄 것이 없다. 그런데 이런 일이 일어나는 사람은 많지 않다. 다시 말하면 그들은 약을 복용하고도 우울증에서 벗어날 수가 없다. 자기가 누구이고 왜 우울증에 빠지게 됐는지를 깨닫는 일이 우울증에서 벗어나는 것보다 더 중요하기 때문이다.

이런 사람들에게는 어린 시절을 파헤치는 일이 보물창고를 찾는 일이 될 수도 있다. 오늘날 정신의학 교육이 치료의 중점을 약에 두고 있는 것은 매우 안타까운 일이다. 뇌에서 화학 물질인 도파민(dopamin)을 생산하지 못하는 환자에게 적절한 분량을 투여할 때, 그가 이를 축복으로 받아들이리라는 것은 누가 봐도 자명하다. 그러나 그것이 그의 뇌가 도파민을 생산하지 못하는 원인까지 치료하지는 못한다. 이 물음에 대한 해답이 진정한 치료에 이르는 열쇠일 수도 있는데 말이다.

잘 처방한 약이 일시적으로 도움을 줄 수는 있다. 환자가 자기병의 원인에 관심이 없을 때는 특히 그렇다. 어쩌면 이런 경우에 의사가 할 일은 약을 처방하는 것 외에 아무것도 없을 것이다. 그런데 병의 원인을 충분히 조사할 수 있는데도 약만 처방하는 정신과 의사가 많다.

오늘날에는 심리요법에 병행하여 약을 사용하는 경향이 있는데, 나는 이것이 문제라고 생각한다. 대부분의 진정제는 정신적 외상을 입은 어린 시절에 대한 환자의 관심을 누그러뜨리거나, 어린 시절의 진실을 더욱 더 깊은 어둠 속으로 밀어 넣어 장기적으로 볼 때, 심리요법으로 얻을 수 있는 효과를 위태롭게 할 것이기 때문이다.

내가 알고 지내던 한 가정이 있는데, 부인이 20년도 넘게 심각한 우울증을 앓고 있었다. 음식을 거부하여 일어설 힘조차 없어 침대에 누워 있을 때도 많았다. 수없이 많은 의사가 약과 대화를 통해 그녀의 병세를 치료했다. 그런데 병세가 호전되는 듯하다가도, 무서울 정도로 격렬하게 다시 악화되곤 했다. 언젠가 우연히 남편을 만나 부인의 병세에 대해 물었더니, 그녀가 자신을 파괴하는 모습을 차마 지켜보기가 어려울 정도라고 절망한 듯 대답했다. 나는 그녀가 치료를 통해 어린 시절에 대해 뭘 좀 알아냈느냐고 물었다. "아이쿠! 그랬다간 아내 잡을 일 생길 걸요." 그가 대답했다. 그는 장인 장모를 잘 알고 있는데, 두 사람 모두 딸에게 폭군처럼 굴었다는 것이다.

그 남편은 부인과 함께 여행사를 운영하고 있었다. 내가 다시 전화를 걸었을 때, 부인이 받았는데, 목소리가 달라졌다는 걸 느낄 수 있었다. 어떻게 지내느냐고 물었더니, 여행사 사정이 별로 밝지 않은데도 1년 전부터 우울증을 느끼지 않는다고 대답했다. 알약을 처방하는 것이 아니라, 어린 시절에 대해 이야기를 하게 하는 치료 전문가를 만난 지 얼마 되지 않았는데 벌써 병세가 호전되었다고 했다. 힘든 시간이었지만, 누군가가 늘 함께 있어준다는 느낌이 들면서 병의 원인을 찾아낼 수 있었다. 이제는 자기가 훨씬 더 강해졌다는 생각이 들고 몸무게도 늘었다. 특히 자기 자신을 느낄 수가 있으며, 약을 먹을 때는 자기 자신에게서 소외된다는 느낌이 들었는데 이제는 그럴 필요가 없어서 행복하다고 했다. 내가 한때 정신분석 의사였다는 것을 모르고 내 책에 대해서도 알지 못했기 때문인지, 그녀는 매우 솔직하게 이야기를 털어놓았다.

"상상해보세요. 나는 오랜 세월 내 몸을 괴롭히고, 사는 재미를 파괴하고, 즐거움이란 즐거움은 모두 깨뜨리면서 부모님이 나를 사랑했을 거라는 환상을 붙들고 살았어요. 그런데 심리요법을 통해 그런 환상이 깨졌어요. 지금은 내가 어떤 값을 치렀는지 알고 있어요. 어느 날 갑자기 내게 힘이 생기고, 나를 보살필 수 있게 되었어요. 나는 더 이상 희생자가 아니에요. 오랫동안 영문도 모른 채, 나 자신을 사랑 없이 대했다는 걸 이젠 알아요."

맞는 말이다. 이 여자는 어린 시절 부모가 자기에게 대했던 것과 똑같은 방법으로 자기 몸을 다루었다. 그 아이에겐 삶의 기쁨이 허락되지 않았다. 아이는 명령에 복종해야 했고, 죽음의 위협을 느낄 정도였다. 무슨 일이 일어났는지 눈치를 채서도, 깨달아서도 안 되었다. 자기가 희생자라는 사실, 다시 말하면 어린 시절에 난폭한 대우를 받으며 자란 부모의 비극적 사건에 희생자가 되었다는 사실을 눈치 채서도 안 되었다. 우울증과 거식증은 그 딸이 자기기만의 건물에 숨어 근근이 목숨을 부지하는 것은 허락했지만, 살아 있는 인간으로 생활하는 것은 허락지 않았다. 남편은 사랑하는 아내를 돕고 싶었다. 하지만 그는 전에 아내를 치료했던 모든 의사와 정신과 의사들처럼 아내 앞에 진실을 감춰야 한다고 믿었다. 아내가 그 진실을 견디지 못할 것이고, 진실을 수용하기에는 몸이 너무 허약하다고 생각했기 때문이다. 그런데 그녀를 구한 것은 바로 그 진실이었다. 더 이상 자신을 속일 필요가 없어졌을 때, 그녀는 부모의 파괴 행위를 분명하게 깨닫고, 그것이 더 이상 계속되지 못하게 할 수 있는 힘을 얻었다.

심장 전문의 딘 오니시(Dean Ornish)는 『사랑과 생존 Love & Survival』이라는 책에서 안정된 인간관계 속에서 살고 있는 심장병 환자들이 독신 환자들보다 생존확률이 더 높다면서 통계 자료를 들어 그 주장을 뒷받침했다. 사랑이 가장 효과 있는 약이라는 그의 확신은 의심할 여지가 없다. 그런데 사람이 혼자가 아니라 가족이라는 울타리 속에서 살고 있다는 사실만으로는, 병을 앓고 있는 사람의 사랑 능력에 대해서 아무것도 말해주지 못한다.

위에서 언급했던 예로 돌아가자. 이 여인은 남편과 딸의 보살핌을 받았다. 하지만 진실에 접근하는, 다시 말하면 자신의 진정한 감정과 욕구에 접근하는 길을 발견하지 못했을 때, 그녀에게는 자기 자신밖에 의지할 곳이 없었다. 그녀는 자기 몸으로는 알고 있지만 의식으로는 받아들일 수 없던 앎에 대항하여 끊임없이 싸웠다. 그녀에겐 사랑하는 남편이 있었다. 그녀는 딸 못지않게 그를 사랑하고 싶었다. 그런데 그녀의 사랑은 내면의 투쟁 때문에 막혀 있었다. 진실에 다가가겠다는 결단을 내리고 나서 비로소 그녀는 그 빗장을 풀 수 있었다.

수천 년 전부터 사람들이 사랑의 힘에 대해서 말하고 글로 써온 것을 모두 인정한다손 치자. 그래도 끊임없이 자신을 파괴하려는 사람이 마음의 문을 열고 사랑을 받아들일 수 있게 하려면, 선한 의지와 소망만으로는 충분하지 않다는 사실을 잊어서는 안 된다. 그 사람의 본래 모습이 어린 시절에 질식당하지만 않았어도, 이런 싸움을 벌이지는 않았을 것임을 명심해야 한다.

환자가 원하고, 치료 전문가도 이 요법을 사용한 적이 있다면 심리요법 작업을 통해서도, 아니 무엇보다 심리요법 작업을 통해서 한 인간의 비극적인 성장의 원인을 밝힐 수 있다고 생각한다. 한번 해보면 치료 전문가는 이 요법에 어떤 위험이 도사리고 있는지 알 수 있다. 또 먼 과거로 되돌아가는 것이 누구에게나 다 필요하고 유익한 것은 아니라는 사실도 알게 된다. 어느 이해심 많은 사람이 곁에서 보살펴준다고 느낄 때는, 어린 시절의 진실을 살짝 들여다보는 것만으로도 치료 효과를 보는 경우가 종종 있다. 그러지 못할 경우에 이는 새로운 정신적 외상에 버금가는 타격이 될 수도 있다.

현재의 문제를 해결하려면 결국에는 어린 시절에 받은 정신적 외상이 최초로 마음에 남긴 인상을 언급하지 않을 수 없다. 서서히 그림 하나가 만들어진다. 이 그림 속에서 환자는 자기가 최초로 불안, 굴종, 적응, 자기 부정, 맹목에 사로잡히던 모습을 발견할 수도 있고, 또 그 포박 상태에서 벗어날 수도 있다. 이 점을 깨닫지 못하면, 예컨대 신경언어 프로그램, 행동장애 심리요법, 그리고 자기조절 기법의 테두리 안에 있는 다른 많은 방법들을 통해 고객을 충격에서 벗어나게 해도, 그 효과는 오래 가지 못한다. 경우에 따라서는 긍정적인 상태가 오래 지속될 수도 있고, 외적 조건이 유리할 경우에는 매우 오래 지속될 수도 있다. 그래도 어린 시절에 경험한 정신적 외상을 자기 자신, 자기 아이들, 또는 다른 사람들에게 되풀이하고 싶은 충동은 해소되지 않는다. 외적 조건이 악화되기가 무섭게, 이 반복 충동은 다시 꿈틀거린다. 학습된 자기조절 능력으로는 그 충동에 맞설 수가 없다.

우리 몸이 우리에게 일어난 사건을 빠짐없이 기억한다고 치자. 그런데 아이가 이른 어린 시절에 부모에게 배웠듯이, 우리 몸속에 완벽하게 우리를 지배하고 통제하려는 영혼이 깃들어 있다면, 달리 어떤 방도가 있겠는가? 몸은 그것에 굴복하고, 순응하고, 복종하는 것밖에 다른 도리가 없다. 그러나 때때로 몸은 증세의 도움을 받아 자기가 곤경에 처했다는 신호를 보내기도 한다. 아이가 선생님 말을 듣지 않고, 걸핏하면 아프고, 부모에게 늘 수수께끼 같은 행동을 하는 것 또한 어려움에 처해 있음을 알리는 신호다. 부모가 자신의 무력감을 감추려는 욕구를 강하게 드러낼수록, 아이가 드러내는 증세의 의미는 더욱 더 이해하기 어려워지고, 더 깊이 은폐된다. 그리하여 끝내는 진정한 의사소통이 불가능해진다. 권력에 대한 요구를 거둘 때 비로소 아이가 처한 난관이 있는 그대로 드러날 수 있다.

나는 심리요법이 효과가 있으면, 환자가 적어도 이른 어린 시절의 어려움에 대해 반드시 입을 열 것이라고 생각한다. 몸이 알고 있는 진실을 회피하려 해도 오래 가지 못한다. 아무리 피하려고 해도 진실은 늘 우리를 따라다니며 고통을 주고, 우리를 떼밀어 후회스러운 행동을 저지르게 하고, 더욱 더 혼란스럽게 하고, 자의식을 약화시킬 것이다. 그러나 진실과 대면하면, 과거에 있었던 일, 잘못했던 일, 감정적으로 메마른 삶을 야기한 문제를 파악할 수 있는 기회가 생긴다.

어린 시절에 마음을 다친 어린이의 삶은 결코 단순하지 않다. 앞에서 이야기했던 여행사 소유자의 예를 들어보자. 그녀에게 다시 심한 우울증이 찾아왔다. 자기가 자란 집을 떠나야 했을 때다. 몇 가지 증세가 재발했지만 그녀는 그 의미를 알아차리고 서둘러 적절한 조치를 취했다. 파국을 두려워할 필요는 없었다. 반대로 그러한 불안감이 해소되지 못하는 경우가 있다. 치료 전문가가 자신의 어린 시절에 대해 불안감을 갖고 있는데, 이를 감지한 고객이 그것을 자신의 불안감으로 혼동하여 정신적 외상을 입었던 어린 시절의 정신적 공황상태에 다시 빠질 때 그렇다. 이는 성인이 된 환자가 그것을 치료 전문가의 어린 시절 경험으로 인식하지 못하기 때문이다. 어린 시절에 일어난 사건을 체계적으로 다루게 되면 환자에게 판단의 기본 틀을 마련해줄 수가 있는데, 이를 갖춘 고객은 밀려드는 무력감을 좀더 정확하게 파악하여 처리할 수 있다.

이것을 설명해주는 이야기가 있다. 나의 대학 동기인 브리기테 이야기다. 그녀의 양해를 얻어 형식을 조금 바꿔서 이야기한다. A라는 동료가 브리기테에게 또 다른 동료 X가 성적 학대에 관련된 재판에 연루됐다는 말을 했다. 그녀는 A에게 이 소문이 어디까지가 사실인지 X에게 확인해도 괜찮겠냐고 물었다. A는 동의했다. 그래서 브리기테는 X를 만나 사건에 대해 자세한 설명을 들었다. X는 학대 받은 어린이들을 맡아서 키울 곳을 찾아주는 기관의 책임자였다. 그런데 입양 가정에서 아이를 심하게 학대한 사실이 발각된 적이 있었다. X의 말로는, 아이의 양부모는 벌써 형기를 마치고 나온 상태라고 했다. 처음에는 기관의 책임자로서 책임 추궁을 당했지만, 그동안 혐의를 완전히 벗었다고 했다. 그는 지금도 그런 소문이 나도는 것에 화를 내면서, A를 명예훼손 혐의로 고소하겠다고 했다. 그 즉시 A는 어린 시절의 도식을 들고 나왔다. 그는 브리기테에게 전화를 걸어 자기가 받은 온갖 부정적인 교육의 결과를 그대로 보여주었다. 그는 브리기테가 자기에게 반감을 갖고 있었고, 이제 와서는 매장시키려 한다는 걸 알고 있다고 말했다. 브리기테는 그에게 X에게 확인해도 좋겠냐고 물었을 때 괜찮다고 말했던 사실을 기억하느냐고 물었다. 그러자 A는 전화기에 대고 소리를 질러댔다. "당신하고 말하고 싶지 않아. 불쾌해. 당신이 한 짓을 생각하면 구역질 나." 브리기테는 A가 자기라면 똑같이 하지 않았겠느냐고 물었다. "나라면 절대로 그렇게 역겨운 짓을 하지 않았을 거야." 그는 악을 썼다. "당신하고 말하고 싶지 않아." 브리기테는 전화를 건 것은 자기하고 이야기를 하고 싶었던 것 아니냐고 물었다. "아니. 내 생각을 말해주려고 했던 거야. 당신 같은 사람하고 말하고 싶지 않아."

브리기테는 아이에게 입도 뻥긋할 기회를 주지 않는 격노한 아버지의 말을 듣고 있는 듯한 기분이었다. 그녀가 추측하기에 A는 그런 일을 자주 겪었던 것 같았다. 하지만 그가 그 점을 의식하지 못하는 것을 이해할 수 없었다. 문제는 A와 X가 정신분석 훈련과 치료를 공부하는 정신과 의사라는 사실이었다. 브리기테가 놀란 이유는, A가 분노를 제어하지 못하고 마구 쏟아낸 것과, 이런 사태가 벌어진 것이 자기 때문이라는 사실을 깨닫지 못하는 것을 보았기 때문이다. 그가 경솔하게 자기를 공격 목표로 정한 것에 대해 브리기테는 이렇게 설명했다. A에게 심리적으로 퇴행 현상이 나타나면서, 폭력적인 아버지를 막아주지 못한 어머니에 대한 분노를 자기에게 전가했다는 것이다. 명예훼손으로 고소하겠다고 위협하는 X의 전갈이, 갑자기 어린 시절의 현실과 매 맞는 어린이의 공포감을 불러일으켰고, 그 결과 그의 현실인식 능력에 커다란 혼란이 빚어진 게 분명했다. 감당할 수 없는 불안감 속에서 A가 사태를 명쾌하게 인식하여, 자신의 책임을 깨닫기란 불가능한 일이었다. 브리기테는 통화를 끝내면서 그에게 한 마디 덧붙였다. "당신은 나를 마치 적으로 취급하고 있어요. 하지만 난 당신의 적이 아니에요. 화가 가라앉거든, 그 점을 깨달았으면 좋겠어요."

이튿날 A는 브리기테에게 다시 전화를 걸었는데, 사람이 완전히 바뀐 것 같았다. 그는 자기를 담당한 치료 전문가의 도움을 받아 X에게 친절한 편지를 썼다고 했다. 그 편지에서 A는 자기에게 허위 정보를 알려준 두 사람의 이름을 대고, 자기 행동에 대해 사과했다. 그는 브리기테에게도 험한 말로 공격했던 일에 대해 용서를 빌면서, 이게 무슨 날벼락인지 모르겠다고 했다. 그 무렵 그는 매우 피로한 상태였다. 브리기테는 그에게 전날 전화통화를 하면서 느꼈던 내용을 자세하게 설명해주려고 했다. 그녀는 자기가 어린 아이가 돼서 부모에게 꾸중을 듣는 듯한, 다시 말하면 왜 그런 행동을 했는지 부모에게 설명하려 하는데 그 행동에 동의했던 부모가 변명할 기회를 주지 않아 막막한 어린 아이 같은 기분이었다고 설명했다. 자기가 경험한 바도 있고, 고객들에게 이야기를 들은 것도 있어서, 그런 상황을 잘 알고 있다는 말도 해주었다. 그러자 A는 이렇게 말했다. "당신이 모든 것을 어린 시절 탓으로 돌린다는 걸 알아요. 어렸을 때 가끔 매를 맞기는 했지만, 내가 당신에게 화를 낸 것과 내 어린 시절은 아무런 관계가 없어요. 내 치료 전문가 말로는 내가 당신에게 그렇게 화를 낸 것은, 당신이 여자라서 날 위협한 남자보다 덜 두려웠기 때문이라고 했어요."

브리기테는 사건이 어느 정도는 무사히 해결되어 기쁘기도 했지만, 당혹스럽기도 했다. 처음에 자기와 전화로 이야기를 할 때, A는 어린 시절의 현실로 돌아가 있었다. 브리기테가 보기에 그것은 당연한 일이었다. 자제력을 잃은 나머지 아이에게 변명할 기회를 주지 않던 아버지가 가끔 그를 그와 같은 정신적 공포 속으로 몰아넣었을 것이라고 생각했다. 또 어머니에게 비난을 퍼붓는 것이 그에게는 유일한 위안이었다는 것도 있을 수 있는 일이었다. 그런데 아무리 그의 감정을 강하게 건드려도, 과거의 현실은 그의 의식에서 점점 멀어지는 것 같았다. 게다가 치료 전문가가 페미니스트적인 해석을 하면서 그의 어린 시절을 관심의 대상에서 제외해버렸다. 그 결과 A는 자기가 느낀 감정의 실체를 이해하지도 못한 채 그것에 휘둘리게 되었다.

나는 그런 행동을 하는 사람을 많이 보았다. 그들은 하나같이 부정의 위력을 잘 알고 있다. 나 또한 그렇게 지난날을 부정하는 것을 여러 번 확인했다. 그런데 치료 전문가가 환자처럼 과거를 부정해서는 안 된다. 치료 전문가는 교육을 받은 사람이니만큼 남을 해치거나 자기 자신을 해치는 환자의 분노에서 과거에 그가 맞닥뜨렸던 현실을 간파할 수 있어야 한다. 사람은 누구나 장애를 갖고 있다. 그리고 이 장애를 깨닫기 위해 치료 전문가를 찾아간다. 치료 전문가라고 해서 모든 것을 다 알 필요는 없다. 그 또한 자기 한계를 지닌 인간이기 때문이다. 그러나 자기를 찾아온 환자와 똑같은 장애물을 넘어야 하는 것은 아니기 때문에 환자가 서서히 과거를 부정하는 태도를 극복할 수 있도록 도울 수가 있다.

여기서 브리기테의 예를 미주알고주알 이야기한 까닭이 있다. 심지어 스스로 분석적인 치료를 받고 있는 신출내기 심리요법 전문가들조차, 어린 시절에 굴욕과 구타를 통해 입은 정신적 외상이라는 문제를 회피하려고 한다는 사실을 보여주고 싶었기 때문이다. 자기 말대로 어렸을 때 많이 두들겨 맞았던 A로서는, 곁에서 자기를 지켜주는 사람이 없는 한 그런 감정들 앞에 자신을 드러내고 싶지 않았을 것이다. 이는 당연한 일이다. 그런데 안타까운 것은 치료 전문가가 그를 분석하면서, 오히려 그의 도피 전략을 옹호했다는 사실이다.

이해하지 못해 제어하지 못하는 분노에 휘둘려, 자기에게 아무 짓도 하지 않은 사람들을 공격하거나 헐뜯는다면, 자기 자신마저 위험에 빠뜨리게 된다. A의 치료 전문가는 이런 사실을 감지했어야 하는데 그러지 못했다. 오랫동안 '부정의 교육'을 다뤄온 브리기테가 보기에는, 변명할 기회도 주지 않고 아이에게 죄를 뒤집어

씌우며 욕설을 퍼붓는 양쪽 부모나 한쪽 부모의 전형이 A에게 전해진 것이 틀림없었다. 만약 A가 브리기테의 지적을 심각하게 받아들였더라면, 즉 그녀의 지적을 받고 생각을 해보았더라면, 자신의 행동이 어린 시절과 아무런 관계가 없다는 치료 전문가의 말을 곧이곧대로 받아들이지는 않았을 것이다. 그의 치료 전문가가 이런 식의 분석적인 치료를 계속할 경우에, 과거를 부정하는 A의 자세는 그대로 고정될 것이고, 훗날 A 또한 자기 환자를 이런 식으로 치료할 것이다. 그렇게 되면 그는 또 반복 충동, 다시 말하면 부모의 본보기를 되풀이하려는 충동에서 벗어나지 못할 것이다. 그런 A가 치료 전문가로 일하게 될 때 그의 환자들은 반복 충동의 악순환에 빠져 심리요법의 장점을 누릴 기회를 놓치게 될 것이다. 어린 시절에 억눌린 감정들을 본래의 문맥 속에서 이해하기만 하면 곧바로 그 장점을 향유할 수 있는데도 말이다.

3장

독재자들의 어린 시절과 체벌

'**다**너 잘 되라는 뜻'에서 모욕과 고통을 준다는 말을 되풀이하면, 경우에 따라서 아이는 평생 그 말을 믿게 된다. 또 그 아이가 어른이 되면, 똑같이 아이들을 학대하면서도 자식을 훌륭하게 잘 키우고 있다고 굳게 믿는다. 그런데 부모에게 두들겨 맞으면서도 그것을 은혜로 받아들여야 할 때 아이가 억누를 수밖에 없던 흥분과 분노, 고통은 어떻게 되는가?

이 모든 의문은 어린 시절에 품었던 의문에 대한 해답에 좀더 가까이 나를 데려다주었다. 악은 어떻게 세상에 나타나는가? 내 해답은 더 분명해졌다. 악은 모든 세대에 걸쳐 새롭게 창조된다는 것이다. 갓난아기들에겐 잘못이 없다. 어떤 성향을 타고나든, 갓난아기들은 삶을 파괴하려는 충동을 느끼지 않는다. 오히려 보살 핌과 보호, 사랑을 받고 싶어 하며, 또 자신을 사랑하려고 한다. 인생의 첫 걸음을 내딛는 시기에 영혼이 학대를 받은 경우에만,

인간은 파괴적인 충동에 내몰린다. 사랑과 배려를 받으며 자란 아이는 전쟁을 일으키려는 충동을 느끼지 않는다. 악이 반드시 인간 본성의 일부를 이루는 것은 아니다.

이런 견해는 명확하고 설득력이 있다. 그런데도 나는 회의적이다. 나와 함께 이런 의견을 나눌 수 있는 사람들이 드물기 때문이다. 내 추측이 옳다는 사실을 입증하기 위해서 나는 아돌프 히틀러의 삶에 관심을 쏟았다. 내 생각은 이랬다. 내가 밝혀낸 사실이 그 사람에게서 확인된다면, 곧 내가 아는 한 가장 잔혹한 대량 학살자이자 범죄자였던 히틀러가 부모 때문에 그런 괴물로 자랐다는 사실을 보여줄 수만 있다면, 예로부터 사람들을 안심시켜온 사악한 기질이라는 통념은 더 이상 유지될 수 없다는 것이다. 나는 『태초에 교육이 있었다』는 책에서 히틀러의 어린 시절에 대해 기술한 바 있다. 그런데 잘 이해가 되지 않는다는 반응이 많았다. 그와는 반대로 한 여성 독자는 이런 편지를 보냈다. "히틀러에게 어린 시절에 겪은 괴롭힘과 기만을 앙갚음할 수 있는 아들이 5명만 있었어도, 유대인은 히틀러의 희생양이 되지 않았을지 모른다고 추측해봅니다. 우리는 과거에 겪었던 모든 고통을 자기 아이에게 앙갚음하고도 벌을 받지 않을 수 있습니다. 아이의 영혼을 살해하는 행동을 교육과 훈육이라는 말로 포장할 수 있기 때문입니다."

모든 독자가 히틀러에 대한 나의 분석을 받아들였던 것은 아니다. 그래도 악이 발생하는 원인에 관한 의문을 해소하는 데, 극단적이지만 히틀러의 예가 도움이 되었다는 사실을 인정할 수는 있었다. 순진한 어린이들이 훗날 자기 가족뿐 아니라 전 세계를 위협하는 흉물이 될 수도 있다는 사실을 말이다. 내게 이의를 제기한 사람도 있었다. 매를 맞고 학대를 당하는 어린이가 매우 많지만, 이들이 커서 모두 대량 학살자가 되지는 않는다는 것이다. 나는 이 반론을 진지하게 받아들여, 잔혹하게 학대를 받으며 자란 어린이가 이를 극복하고 훗날 범죄자가 되지 않은 이유를 밝히려고 노력했다. 수많은 사람의 이력서를 읽고 나서, 나는 다음과 같은 사실을 알아냈다. 어려서 희생자였으나 훗날 가해자가 되지 않은 경우를 보면 하나같이, 아이를 좋아하는 사람이 곁에 있어서, 부당한 일을 당할 때 아이가 이를 부당한 일로 느낄 수 있게 해주었다는 것이다. 이런 사람을 나는 '간접 보호자'라고 부른다. 이런 사람이 있으면, 자기에게 난폭한 행동이 가해질 때 이를 비교하여 깨달을 수가 있다. 그리고 그 다정한 사람과 자신을 동일시할 수 있다. 그런 예 가운데 하나가 바로 도스토예프스키다. 아버지는 그에게 폭군처럼 굴었지만, 어머니는 사랑이 넘치는 성격의 소유자였다.

이런 사람이 없으면, 즉 아이에게 가해진 난폭함을 상쇄해줄 대안이 전혀 없으면, 다시 말해서 난폭한 행동이 가해지고 있음을 깨달은 아이에게 이를 확인해주는 '간접 보호자'가 없으면 어떻게 될까? 아이가 자기에게 가해진 고통을 자기를 위한 행위로 간주하고, 훗날 최소한의 가책도 없이 다른 사람에게 그 고통을 전가할 위험이 매우 크다. 아이는 기만을 이데올로기로 내면화한다. 아돌프 히틀러는 부모에게서 구타와 모욕을 받으면서도 이를 당연하게 여기는 가정교육을 받았고, 훗날 성인이 되어서는 그에 어울리는 태도를 보였다. 예컨대 독일을 구한다는 구실로 유대인 몰살을 정당화했다. 다른 독재자들도 이와 비슷하게 복수 행위를 이데올로기로 위장했다. 스탈린은 파괴적인 '세계주의자들'에게서 러시아를 구해야만 했고, 나폴레옹은 어떤 희생을 치르고라도 위대한 국가를 건설해야 했으며, 밀로셰비치[4]는 위대한 세르비아를 창건해야 했다.

이러한 메커니즘에 대해 사회가 눈을 감고 있는 한 전쟁은 벌어지게 되어 있다. 그 원인이 감춰져 있기 때문이다. 적어도 독일의 역사가들은 프리드리히 대제[5]가 부왕에게 심한 굴욕과 고통을 당했다는 사실을 잘 안다. 그럼에도 한 예민한 어린이가 당한 학대와, 훗날 그가 계몽군주가 되어 벌인 정복전쟁에 어떤 관계가 있는지 연구한 글을 나는 하나도 발견하지 못했다. 주지하다시피 그 주제를 다루는 것은 언제나 금기였다.

지구상에 인간이 존재한 이래 늘 똑같은 광경이 벌어진다. 남자들은 출정하고, 여자들은 그들을 향해 환호를 보낸다. 이 환호성 이전에 무슨 일이 일어났는지에 대해 의혹의 눈초리를 보내는 사람은 거의 없다. 사람들은 항상 정복전쟁을 방어행위로 위장하거나, 신성한 사명이라고 설파한다. 또 그 말을 곧이곧대로 받아들

---

4) 티토 사후 유고 연방은 내전을 통해 슬로베니아, 크로아티아, 보스니아 헤르체고비나, 세르비아, 마케도니아로 나뉜다. 밀로셰비치는 세르비아의 대통령으로 내전 중에 이슬람계와 가톨릭계 주민을 대상으로 인종청소를 자행해 악명이 높았다. : 역주
5) 일명 프리드리히 2세. 재위 기간은 1740~1786년이다. 제1 · 2차 슐레지엔 전쟁과 7년전쟁을 통해 프로이센을 유럽의 열강으로 끌어올리고 '대제'라는 칭호를 얻었다. : 역주

이는 사람이 많다. 불행하기 짝이 없는 노릇이다. 악이 발생하는 원인과, 우리가 그 악을 어린이의 마음속에 일깨워주는 과정을 이해해야 한다. 그래야 우리가 악 앞에 무기력하게 내던져지는 일이 더 이상 일어나지 않을 것이다.

그런데 앞으로도 얼마 동안은 지금 상태가 그대로 유지될 것이다. 미국의 23개 주에서는 여전히 학교에서 아이들에 대한 체벌을 허용하고 있다. 아이들은 사소한 잘못으로도 벌을 받는데, 별도로 고용된 체벌 담당 교사에게 대개 몽둥이로 엉덩이를 맞는다. 체벌은 단계별로 세세하게 규정되어 있으며, 어린이들에게 '규율을 가르치는 것'을 목적으로 내세운다. 아이들은 자기 차례가 올 때까지 복도에서 열을 지어 기다린다. 이와 같이 제도화된 심각한 굴욕을 아이들은 지극히 정상적인 것으로 여기는 듯하다. 억눌렸던 분노는 훗날 갱단의 일원이 되었을 때 폭발할 것이다. 사회는 그들이 보복행위를 할 수 있도록 이념적인 위장에서부터 근본주의적인 핑계에 이르는 폭넓고 다채로운 메뉴를 제공한다. 대부분의 부모가 이러한 시스템을 용인하며, 심지어 그걸 바라기도 한다. 어머니와 아버지들 가운데 개별적으로 이런 체벌에 반대하는 사람들이 있긴 해도, 그들이 할 수 있는 일은 거의 없다. 웹사이트 'nospank.org'의 보고에 따르면, 텍사스 주에서만 1년에 11만 8000명에 달하는 어린이가 이런 방법으로 매를 맞거나 모욕을 당한다.

체벌 없는 교육을 상상하지 못하는 교사도 많다. 그들이 체벌을 선호하는 것은 스스로가 폭력 속에서 성장하여, 아주 어릴 때부터 체벌의 '파괴력'에 익숙해졌기 때문이다. 그들은 어린 시절에 어린이의 고통을 민감하게 받아들이는 심성을 아예 키울 수가 없었다. 또 교육을 받는 동안에도 그것을 학습할 기회가 전혀 없었다. 체벌이 단기적으로는 '긍정적인' 효과를 발휘하지만, 장기적으로는 어린이와 청소년의 공격적인 행동을 강화한다는 사실을 거의 깨닫지 못하는 까닭이 바로 거기에 있다.

집에서 매를 맞는 아이가, 교실의 걸상에 앉아서까지 위험을 모면하는 일에 주의를 쏟아야 한다면, 수업에 집중하기는 거의 불가능하다. 체념에 빠진 아이는 교사의 움직임을 뚫어지게 관찰하며, 피할 수 없는 매라면 차라리 맞겠다는 각오를 다진다. 분명히 말하건대, 매와 벌로는 아이의 학습 의욕을 일깨우지 못한다. 오히려 아이의 불안감을 이해해줄 때, 가끔 '산을 옮기는' 것과 같은 효과를 거둘 수 있다. 물론 아이에게 실질적으로 도움을 주고 싶다면, 교사는 아이가 학대 받는 현실을 사소한 일로 여기지 말아야 한다.

입법 분야에서도 우리는 그와 똑같은 현상을 목격할 수 있다. 우리는 어린 시절에 인간의 존엄성을 유지할 권리를 얼마나 박탈당했는지 의식하지 못한다. 그런 탓에 진심으로 그렇게 하고 싶어도, 우리 아이들에게 존엄성을 유지할 권리를 안겨주기가 쉽지 않다. 어린이를 위해 행동한다고 생각하면서, 사실은 정반대로 행동하고 있는데도 이를 알아차리지 못할 때가 많다. 아주 어려서부터 이렇게 둔감한 심성을 내면화해온 탓에, 훗날 습득한 그 어떤 것으로도 그 둔감함을 상쇄할 수 없기 때문이다. 이는 입법의 예로도 설명할 수 있다. 2000년 9월 이후, 독일 연방의회는 친부모에게서 체벌권을 단호하게 박탈했다. 그런데 1997년만 해도 여전히 친부모에게 체벌권이 있었다. 교사, 장인(Meister), 양부모 등과 같은 타인들만 체벌권을 인정받지 못했다. 국회의원의 다수, 그러니까 5분의 4 정도의 국회의원들은 친부모가 행사하는 체벌이 일정한 경우에는 긍정적인 결과를 낳을 수 있다고 굳게 믿었다. 자신을 보호하는 방법을 배울 수 있도록, 폭력을 써서라도 아이에게 도로 교통의 위험을 알려야 한다는 주장이 반복되었던 이유는 거기에 있었다.

자신을 보호하는 방법을 가르쳐준다는 이유로 매를 맞은 아이가 자동차 앞에서 자신을 보호할 수 있다고 생각하면 오해다. 오히려 부모가 무서워 눈치만 볼 것이다. 그런 아이는 자신의 고통을 대수롭지 않게 여기거나, 고통을 전혀 느끼지 않게 되며, 자기에게 잘못이 있다고 생각하는 데 익숙해진다. 벌을 받을 때, 아무도 자기를 보호해주지 않았기 때문에, 자기는 보호받고 존중받을 가치가 없는 존재라는 믿음이 쌓인다.

이와 같은 잘못된 가치들이 아이의 몸에 정보로 저장되어, 그의 세계상과, 훗날 다른 사람들과 자기 자신에 대한 태도를 결정하게 된다. 이런 아이는 자신의 존엄성을 지킬 수가 없으며, 육체적인 고통을 위험 신호로 인식하여 알리지도 못한다. 그렇게 되면 아이의 면역 체계가 해를 입을 수 있다. 본보기가 되어줄 다른 사람이 없는 아이는 폭력과 기만의 언어를 의사소통의 유일한 수단으로 이해하여 이를 사용할 것이다. 대개 성인이 되면 과거에 억눌렀던 무력감을 계속 억눌러두려고 하기 때문이다. 많은 사람이 온갖 수단을 동원해서 과거의 교육제도를 변호하는 이유가 바로 여기에 있다.

카메룬에 있는 '아프리카 아동 학대 추방 기구'(EMIDA)가 자체 통계를 바탕으로 보고한 내용에 따르면, 아프리카에서는 2억 1800만 명의 어린이가 매를 맞는다고 한다. 그것이 사실이냐고 문의하는 내게 그들은 "사람들은 매를 맞아 살갗에 핏자국이 남으면 두뇌가 더 잘 회전한다고 생각한다"는 얘기를 전해주었다. 그렇게 자란 어린이들이 훗날 어른이 되면, 자기들이 겪은 고통이 어떤 것인지 알려고 하기보다는, 이러한 교육제도에 집착할 것이다. 이는 불을 보듯 뻔한 일이다. 인정받지 못했던 어린 시절의 고통과 대면하려고 하지 않을 것이기 때문이다. 아프리카의 여러 종족이 벌이는 유혈분쟁에서 이러한 억압의 결과를 어렵지 않게 확인할 수 있다. 유혈분쟁의 원인으로 여러 가지가 거론되고 있는데 사람들은 그 가운데 눈에 띄는 유일한 원인, 곧 매 맞는 어린이의 몸에 저장된 분노가 호시탐탐 복수를 위해 폭발할 기회를 노리기 때문이라는 주장에 대해서만 반론을 제기한다. 어린이는 난폭한 폭력에 맞서 저항할 수가 없다. 그 결과 때에 따라서는 전 국민이 그 유혈 잔치의 값을 치른다. 그리고 이러한 비극의 원인들은 주도면밀하게 은폐된다.

도대체 르완다에서는 어떻게 그토록 끔찍한 학살을 저지를 수 있었을까? 나 자신에게 종종 던져보는 물음이다. 르완다에서는 무척 오랫동안 어머니들이 아이들을 업고 다니며 젖을 먹인다. 그 모습에서 우리는 아이들이 천국에서처럼 안전하게 보호받는다는 인상을 받는다. 그 아이들이 학대를 받는다는 것은 상상조차 할 수 없다. 나는 얼마 전에야 비로소 이 어린이들도 어머니의 사랑을 받기 위해서 비싼 대가를 치른다는 사실을 알게 되었다. 그런데 사람들은 이를 대수롭지 않게 여긴다. 아이들은 아주 일찍부터 복종하는 훈련을 받는다. 대소변으로 어머니의 등을 더럽히면 손바닥으로 얻어맞는다. 손바닥으로 맞는 것이 두려운 아이들은 용변이 마려울 때마다 울음을 터뜨려, 어머니가 자기를 재빨리 내려놓게 한다. 이런 식으로 어머니는 아이에게 청결을 가르친다.

손바닥으로 맞지 않으려고 조건반사적으로 반응함으로써, 아기들은 아주 어릴 때부터 대소변을 가리게 되고, 나중에도 '고분고분한 아이'로 자란다. 내가 보기에, 르완다에서 자행되는 대량학살은 유아에 대한 이와 같은 학대에 그 뿌리가 있다. 사실 아프리카 어린이들은 학교에서도 무자비하게 맞는다. '아프리카 아동학대 추방 기구'가 2000년에 카메룬에서 벌인 설문조사에 따르면, 2000명이 넘는 아이 가운데 집과 학교에서 매를 맞지 않는다고 대답한 아이는 20명에 지나지 않았다. 그렇다 할지라도 결정적으로 중요한 것은 유아기에 받은 교육이다. 폭력이 일찍 개입할수록, 학습으로 얻은 결과가 끼치는 영향은 더 오래가고, 그것을 의식적으로 통제할 수 있는 가능성은 그만큼 더 줄어든다. 그렇기 때문에 스스로도 그 이유를 모르는 격렬하고 억눌린 공격성을 품고 있으면서도 조용하고 오히려 겸손하게 행동하던 사람들이, 일단 기회를 만나면, 예컨대 잘 알지 못하는 이데올로기라도 주어지면, 그토록 쉽게 야수 같은 폭력성을 표출했던 것이다. 이 점을 생각하되, 필히 이러한 관점에 비추어 연구해야 한다.

물론 체벌이 늘 다른 사람에 대한 복수를 야기하는 것은 아니고 자살을 포함하여, 자신을 파괴하는 경우도 많다. 제프리 유제니디스(Jeffrey Eugenides)의 『처녀의 자살 *The Virgin Suicides*』이라는 영화를 보면 이러한 관계가 인상적으로 드러난다.

4장

몸 속에 숨어 있는 감정의 시한폭탄

내가 보기에 어린 시절이라는 요소를 인정하지 않는 성향이 가장 두드러지는 곳은 교도행정 분야다. 오늘날의 교도소는 지난 세기의 낡고 음산한 감옥과는 사뭇 다르다. 그렇지만 한 가지는 거의 변하지 않았다. 한 인간이 범죄자가 되는 이유가 어디 있고, 되풀이해서 같은 함정에 빠지지 않으려면 어떻게 해야 하는가 하는 의문이 제기된 적이 거의 없다는 것이다. 사람들로 하여금 어린 시절을 돌아보고 이를 기록하여 그 내용을 집단에 속한 다른 사람들과 함께 나눌 수 있게 했다면, 수감자 스스로 이 질문에 대답할 수 있었을지도 모른다.

『삶의 길』이라는 책에서 나는 캐나다에서 실시되고 있는 그런 프로그램에 대해 이야기했다. 그와 같은 집단 프로그램 덕분에, 딸들을 성적으로 학대했던 아버지들은 자기들이 그들에게 어떤 고통을 주었는지 깨달았다. 결정적으로 중요한 점은, 그들이 신뢰할 수 있게 된 다른 사람들과 어린 시절에 대해서 이야기를 나누게 됐다는 사실이다. 그들은 자기들의 체험을, 자기도 모르는 사이에 다른 사람에게 전가했다는 사실을 깨달았다.

우리는 어린 시절에 겪은 고통을 숨기는 데 익숙하다. 분노에 눈먼 행동은 흔히 거기서 비롯된다. 대화는 수감자를 맹목적인 분노에서 벗어나게 하고, 의식에 이르는 문을 열어주며, 분노를 행동으로 옮기지 않게 보호한다. 안타까운 것은 캐나다에서 실시되고 있는 것과 같은 프로그램을 다른 곳에서는 거의 찾아볼 수 없다는 사실이다.

소수의 책임 있는 사람들은 재소자들 속에서 재깍거리며 돌아가는 감정의 시한폭탄에서 뇌관을 제거해야 한다는 사실을 잘 안다. 또 (그들의 과거에 대해서: 역주) 더 많이 알기만 하면 이를 확실하게 제거할 수 있다는 사실도 명확하게 인식하고 있다. 그런데 행정 당국은 이와 같은 조치에 거세게 반대한다.

프랑스 소설가 에마뉘엘 카레르(Emmanuel Carrère)는 2000년에 특이한 책을 한 권 출간했다. 『적 *L'Adversaire*』이라는 제목을 단 이 책에서 그는 한 남자가 저지른 실제 사건을 이야기했다. 재능이 평균 이상이던 그 남자는 20년 전에 의학을 공부했다. 그런데 공부를 시작한 지 2년 뒤부터는 시험장에 나타나지 않았고, 결국은 공부를 계속할 수가 없었다. 그러나 가족들에게는 대학에 다닌다고 거짓말을 했고, 마침내는 졸업했다고 속이기까지 했다. 그는 '로망 박사'로 행세하며 결혼을 하고, 두 아이를 얻었으며, 부인과 친구들에게는 제네바에 있는 세계 보건기구의 연구에 참여하고 있다고 둘러댔다. 장 클로드 로망은 18년 동안 매일 아침 사무실에 간다며 집을 나섰지만, 실제로는 여기저기 카페를 전전하며 잡지를 뒤적이고 여행 안내서를 훑으면서 시간을 보냈다. 가끔은 강연이 있어 출장을 간다고 하고 집을 나와 호텔에서 여러 날을 보내기도 했다. 그는 아이들과 아내에게 자상한 아버지이자 남편이었고, 가끔 딸과 아들을 학교에 데려다주기도 하여 모범적인 가장이라는 소리를 들었다.

그는 스위스에 투자하여 높은 이자를 받게 해주겠다며 부모와 장인 장모의 돈을 받아 가족을 부양했다. 그러던 어느 날 장인과 로망 단둘이 집에 있을 때, 장인이 벤츠를 한 대 사야겠다며 맡긴 돈을 돌려달라고 했다. 그날 노인은 이른바 실수로 계단에서 굴러 떨어져 숨을 거뒀다. 마침내 친구마저 투자금 일부를 돌려달라고 요구하자, 불안감을 느낀 '로망 박사'는 가족과 함께 자살하기로 결심하고, 두 아이와 아내, 부모를 살해하고 집에 불을 질렀다. 그런데 정작 그는 소방대원에게 구출되어, 지금은 종신형을 선고받고 감옥에 수감되어 있다. 그의 건강을 돌봐주는 사람이 몇 있는데, 이들은 그의 '성격적인 특징'에 깊은 인상을 받은 사람들이라고 한다.

작가는 말한다. 엄밀히 말해서 우리는 장 클로드 로망이 실제로 어떤 인물인지 모를 수도 있다고. 다시 말하면 마치 그가 18년 동안은 '로망 박사' 역할을 하도록 입력된 프로그램에 따라 행동하다가, 이제는 '선한 모습'을 벗고 주위 사람들을 어안이 벙벙하게 만드는 '범죄자 로망' 역할을 하는 것일지도 모른다고 말한다. 옳은 말이다.

어쩌면 이 사람의 어린 시절에, 특이한 그의 행동을 해명해줄 열쇠가 숨어 있을지도 모른다. 그런데 소설처럼 전개된 이 전기에서 작가는 특이하게도 그의 어린 시절을 아주 짤막하게 언급하고 지나갔다. 로망 가족은 거짓말을 용서하지 않는다는 점을 자랑으로 여겼다는 얘기만 있을 뿐이다. 겉으로 내세운 가치체계에서는 정직을 주요 덕목으로 간주했다. 그런데 실제 행동은 정직과는 거리가 멀었다. 일상 속에서 소년은 자기가 중요하게 여기는 일에 대해 솔직하게 그 내막을 들어본 적이 한 번도 없었다. 어머니가 두 번에 걸쳐 유산인가 낙태를 한 것 때문에 불안했지만, 아무도 그 사실을 그에게 이야기해주지 않았다. 질문은 금지되었다. 부모는 그가 항상 부모의 뜻에 따라주리라 기대했다. 그리고 그는 완벽하게 그 기대에 부응했다. 그는 정직한 소년, 부모의 뜻에 순응하고, 아무런 말썽도 피우지 않는 모범적인 학생으로 성장했다. 자신의 본 모습을 드러내는 행동은 일절 금지되었기 때문에, 애당초 그는 자기가 누구인지 도무지 알 수가 없었다.

만일 그가 의식적으로 그렇게 행동했다면, 이 무렵 그의 행동 또한 완벽한 거짓이었다고 말할 수 있을 것이다. 그런데 나는 그가 정신적으로 철저하게 소외된 상황밖에 모르고 자랐다는 인상을 받는다. 다른 상황을 알지 못했기 때문에, 비교를 해볼 수도 없었다. 아마 자기가 어떤 역할을 맡아서 연기하고 있다는 사실조차도 의식하지 못했을 것이다. 그리고 아직도 여전히 그 사실을 의식하지 못할지도 모른다.

의사 흉내를 내기로 결심했을 때, 비로소 새로운 요인, 곧 의식적인 기만이 그의 삶 속으로 들어왔다. 그는 다른 사람들을 기만하고, 속이고, 사랑으로 유혹하고, 감쪽같은 방법으로 돈을 갈취하는 일에 모든 에너지와 재능을 투자했다. 그의 의식적인 사고는 온통 이 과제를 해결하는 데 동원되었다. 진정한 감정과 욕구가 개입할 여지는 여전히 없었다. 정교한 거짓으로 쌓아올린 삶의 구조 안에서도 어린 시절의 고독은 여전히 계속되었다.

자기 자신을 제대로 표현하지 못하며 어린 시절을 보낸 사람들이 겪는 비극의 본질은 자기도 모르는 가운데 이중적인 삶을 영위한다는 것이다. 내가 『천재가 될 수밖에 없었던 아이들의 드라마』라는 책에서 주장했던 것처럼, 그들은 어린 시절에 자아를 잘못 형성하여, 억눌린 감정과 욕구들이 마치 감옥에 갇힌 것처럼 웅크리고 있는 또 다른 자아가 있다는 사실을 모른다. 그것은 그들이 처한 난관을 이해하고, 감옥을 감옥으로 인식하고, 그것을 벗어날 수 있도록 도와주고, 더 나아가 감정과 진정한 욕구를 표현할 수 있게 해주는 사람을 만나지 못했기 때문이다.

'로망 박사'는 그걸 입증해주는 좋은 예다. 40년 동안 억눌러왔던 진실이 끔찍한 범죄를 통해 그야말로 폭발적으로 자기 모습을 드러냈다는 점에서 그렇다. 비록 세인의 이목을 끌어당기는 힘은 덜 하지만, 진실이 이와 비슷한 양상으로 그 모습을 드러내는 예는 무수히 많다. 그것들은 때로는 서서히, 때로는 빠르게 다른 사람들의 삶을 파괴한다는 점에서 공통점을 갖는다. 이 모든 것을 지배하는 목표는, 궁극적으로 다른 사람의 주의를 끌고, 칭찬을 받기 위해서 삶의 허구를 지탱하는 데 있다. 이는 사람들이 어린 시절에 그토록 간절하게 바라던 소망이었다. 처음에는 이런 사람들을 정신질환자, 그 다음에는 사회질환자라고 했고, 오늘날에는 나르시시즘 인격자 또는 도착증 환자라고 말한다. 이들의 문제는 항상 내면세계가 텅 비어 있고, 진정한 감정으로 가는 통로가 막혀 있다는 데 있다.

이런 사람들은 적응 능력이 엄청나게 좋다. '로망 박사'가 보여주듯이 때로는 모범수 역할을 할 수도 있다. 그런데 그런 행동을 한 뒤에도, 그들은 자기가 실제로 어떤 사람인지 모른다. 그들은 계속 하나의 역할, 그것도 사람들이 자기들에게 기대하는 역할만 수행한다. 처음에 '로망 박사'는 사랑스러운 아버지이자 남편, 진실한 친구, 칭찬받는 아들이고 사위였다. 그 다음에는 전 가족을 살해했고, 그 얼마 뒤에는 모든 면에서 인정받는 재소자가 되었다. 그렇다면 그는 실제로 어떤 사람인가? 그것은 아무도 모른다. 아마 자신도 모를 것이다. 그걸 알려고 했다면 자신의 공허함을 자세하게 관찰했을 것이다. 그런데 그는 평생 동안 교묘하게 이를 피했다.

교도행정은 이런 문제들을 고려하지 않는다. 이것들은 심리학자와 정신과 의사들의 몫으로 남아 있다. 그런데 이들은 어린 시절과 대면하여 진정한 자아를 발견할 수 있도록 사람들을 도우려 하지 않는다. 그들은 오히려 사람들의 적응 능력을 키워주려고 애쓰며, 그것을 건강함의 표시로 받아들인다.

약간 자아도취적인 면이 있는 한 젊은 교도소장이 텔레비전에 나와, 근친상간을 범한 아버지들이 자기 교도소에서 집단 치료를 통해 자녀들을 사랑하는 법을 익히고, 그런 과정을 통해 아들과 딸들을 학대하고 싶은 충동을 극복하게 되었다고 말했다. 하나같이 참으로 훌륭한 소리였다. 방송이 끝난 뒤 그 사람에게 전화를 걸어서, 그 아버지들 가운데 많은 사람이 어린 시절에 성적으로 학대를 받았는지 여부를 물었다. 그는 "아주 많다"고 확인해주었다. 하지만 과거에 집착하지 말고 현재, 곧 오늘 그들이 성인으로서, 집단 치료에서 배운 대로 자녀들에 대한 책임을 깨닫는 과정을 지켜봐야 한다고 했다. 그는 그 점을 확신하고 있었다. 나는 그에게 반론을 제기했다. 내가 생각하기에는 어린 시절에 무슨 일이 있었는지를 밝혀내고 그에 대해 애도를 표하는 과정이 선행되어야, 그와 같이 책임 있는 행동을 할 수 있다고 했다. 그는 나를 알고 있었다. 나는 그에게 이 주제에 관해 작성한 5쪽짜리 문건을 팩스로 보내주어도 되겠느냐고 물었다. 그는 내 제의를 거절했다. 시간이 없어 자료를 읽을 시간이 없다는 이유였다. 그는 이런 문제는 심리학자와 정신과 의사에게 맡겨두자고 했다.

그 남자는 텔레비전에 출연해서는 유난히 진보적인 양 행동했다. 그런데 아버지들이 딸들의 삶을 파괴하게 된 원인을 파악하는 문제는 중요하다고 생각지 않았다. 그에게 중요한 것은, 교도행정의 다른 모든 문제들과 마찬가지로, 반드시 해결하지 않으면 안 되는, 그야말로 실천적인 문제였다.

그가 그렇게 대답한 것이나, 어린 시절에 대해 관심을 갖지 않는 것은 놀라운 일이 아니다. 그건 규정에 맞는 행동이다. 그런데 여기엔 훨씬 더 큰 문제가 걸려 있다. 심리적인 문제는 논외로 친다고 해도, 여기에 사회경제적으로 중요한 문제가 걸려 있다는 사실을 그 교도소장은 깨닫지 못했다. 재소자들 각자가 자신이 어린 시절에 성적으로 학대를 받았고, 그 사건이 자기에게 어떤 감정을 남겨놓았는지 인식할 수만 있으면, 범죄를 되풀이하려는 충동을 영원히 해소할 수 있는 가능성이 커진다. 얼마 전 신문에서 이런 내용을 읽은 적이 있었다. 미국에서 조사한 300명의 연쇄 살인범 중에서 모두가 다 출소 이후에 다시 똑같은 범죄를 저질렀다는 내용이었다. 기사에는 심리적인 치료를 받았지만 소용없었다고 나와 있었다. 이는 전혀 놀라운 일이 아니다. 어린 시절 속에 숨어 있는 살인의 원인을 심리치료 과정을 통해 희석하지 못하면, 그것이 그들을 충동하여 계속 파괴적인 행동을 저지르게 할 것이기 때문이다. 그렇다면 교도소가 재소자들을 그렇게 변화시켜야 하는 이유는 무엇인가? 치료를 통해서 과거를 밝혀내고 어린 시절에 받은 정신적 외상을 감정적으로 극복할 수 있도록 자극하면 재소기간을 현저하게 단축시킬 수 있다고 가정해보자. 그렇게 되면 재소자들의 마음속에 맹목적인 충동을 붙들어두고, 그 충동이 폭발할 가능성을 감옥에 가두는 일에 그 많은 세금을 쓰지 않아도 된다. 또 인격 가운데 분열되고, 인정받지 못하고, 억압당한 부분도 통합할 수 있게 된다. 그렇게 되면 그들에게 더 이상 책임과 사랑에 대해서 설교할 필요가 없다. 그들 스스로 그것을 깨달을 것이기 때문이다.

5장

침묵하는 교회

다양한 종파에서 운영하는 신학교들이 상상할 수조차 없을 정도로 잔혹한 행동을 권장하고, 갖가지 형태의 가학행위를 하느님이나 예언자들의 이름으로 정당화하고 있다. 하느님이나 예언자들은 고문을 옹호하는 말을 한 마디도 한 적이 없는데도 그렇다. 이를테면 여성주의자들은 코란에 여성의 할례라는 잔인한 관습을 인정하는 듯한 구절이 한 군데도 없다는 사실을 밝혀냈다. 그런데 그 의식이 계속되는 것은 오로지 남성들이 그것을 요구하기 때문이고, 더 나아가 할례를 당한 어머니와 할머니들이 자신들이 과거에 경험했으나 인정받지 못했던 고통을 딸과 손녀들에게도 물려주어야 한다고 고집하기 때문이다. 그 결과 오늘날에도 10살 무렵에 클리토리스를 제거당한 여성이 무수히 많으며, 또 그들 중 다수는 이러한 관습을 옹호하고 있다.

동부 아프리카의 코모로 이슬람 연방 공화국 정부는 체벌 금지법을 도입할 계획이다. 코모로 정부가 유엔 아동 인권위원회에 보낸 편지에서 말하고 있듯이, 어린이들이 고문당하지 않고 어린 시절을 보낼 수 있게 하기 위해서다(2000년 8월 12일자 유엔 아동 인권위원회 보고). 코모로 정부가 보낸 편지에는, 상황을 은폐하는 다른 편지들과는 반대로, 놀랄 정도로 솔직하게 코란 학교의 실상이 묘사되어 있다. 그것은 교사들이 어느 정도까지 종교를 가학행위의 구실로 내세우고 있는지 분명하게 드러내준다. 어린이들은 아주 사소한 잘못만 저질러도 잔인하게 채찍질을 당한다. 또 거기에 더하여 상상을 초월하는 방법으로 학대를 당한다. 채찍질이 끝나면, 교사는 쐐기풀을 가득 채운 통 속에 아이를 집어넣거나, 몸을 반쯤 발가벗겨서 곤충들이 달라붙게 설탕 용액을 퍼부은 채 뙤약볕에 세워놓는다. 그런 다음에는 거리로 내보내 무슨 잘못을 저질렀는지 큰 소리로 외치며 부끄러움을 느끼게 만든다.

고문을 견디고 살아남은 어른들과 달리, 모욕을 당한 어린이들은 자기가 겪은 일을 이야기하려고 하지 않는다. 수치심 때문이다. 심지어 그 고통을 의식적으로 기억 속에서 지우려 한다. 어찌 되었든 고통은 억눌리게 된다. 하지만 그들의 몸은 세세한 것까지 빠짐없이 기억하고 있다. 훗날 그 기억은 어른들이 저지른 행동을 그대로 드러내줄 것이다. 인정을 두지 않고 벌을 주는 것을 신의 뜻에 따른 올바른 행동으로 믿기 때문에, 아이들은 훗날 아무런 방해도 받지 않고 직접 앙갚음에 나서게 된다. 20년 뒤, 그 아이들 가운데 몇 명은 코란 학교에서 가르치면서, 학생이나 자기 자식들에게 똑같은 벌을 내릴 것이다. 그래도 그들은 사회에서 명성을 누리며, 자기 의무를 다하는 경건한 사람이라는 대접을 받을 것이다.

그렇게 해서 경건함을 위해, 다시 말하면 종교라는 핑계 아래 사디즘이 자행된다. 위에서 언급한 교사들이 태어날 때부터 사디스트였던 것은 아니다. 그들이 잔혹함을 즐기는 것은, 학생 시절에, 아니면 그보다 더 일찍 그것을 집에서 학습했기 때문이다. 항상 '너를 위해서'라는 구실 아래 말이다. 그들은 이른 어린 시절부터 이러한 허위 정보를 접했다. 그런 까닭에 소수의 예외를 빼고는, 자기들이 겪은 것과 똑같은 운명을 학생들이 겪게 하려고 물불을 가리지 않는다.

기독교도라고 해서 이슬람 학교에 대해 분개할 자격은 없다. 기독교 계통 사립학교들도 어린이에 대한 체벌을 종교적 의무의 중요한 기본 요소로 간주하기 때문이다. 2000년 여름 남아프리카 공화국 정부는 학교 체벌 금지법을 도입했으나 격렬한 반대에 부딪혔다. 2000년 8월 17일 남아프리카 공화국 정부는 200여개에 달하는 기독교 단체가 보내온, 교사들이 '종교적 의무'를 수행할 수 있도록 1만 4000명이 넘는 학생에게 예외조항을 인정해달라고 요구하는 편지를 인터넷에 공개했다.

편지에서 그 단체들은 교사와 부모들에게는 아이들을 체벌할 권리가 있다고 노골적으로 주장했다. 사이비 종교 같은 이런 주장을 내세워 교사들은 권력투쟁 의도를 은폐했다. 의식적으로든 무의식적으로든 그들의 의도는 오로지 과거에 겪은 굴욕을 학생들에게 앙갚음하는 데 있을 따름이다. 이는 다시 어린이들에게 혼란과 정신적 충격을 줄 것이고, 그들 또한 훗날 자기들의 동기를 은폐하기 위해 속임수를 쓸 것이다.

사정이 이렇다고, 새로운 법률을 통해 폭력 없는 어린이 교육을 관철했다고 자위하면서 아프리카를 얕잡아볼 명분이 우리에게 있다는 건 아니다. 우리에겐 그럴 권리가 없다. 다만 사고의 폐쇄를 극복하는 데 중요한 시발점을 마련한 것은 사실이다. 독일어권 어린이는, 아이를 때리는 것은 파괴적인 행위이며 교육적인 효과를 거두지 못한다는 사실을 알게 될 것이다. 일찍부터 배우면 좋겠지만, 늦어도 학교에서는 배우게 될 것이다. 또 그들은 교사가 폐쇄적인 사고의 희생자가 아니라는 사실도 알게 될 것이다. 그렇게 해서 아이들은 시간이 지나면서 허위 정보에 대한 면역력을 키워갈 것이다.

나는 세계 여러 군데 가톨릭 기숙학교에서 체벌 및 그 밖에 다른 벌로 심한 고통을 받았다고 하소연하는 편지를 많이 받는다. 다른 한편으로, 오늘날에는 여러 측면에서 사정이 옛날처럼 열악하지 않으며, 가톨릭 교회가 물리적인 학대를 더 이상 옹호하지 않은 지 오래 되었다는 의견도 자주 듣는다. 이런 소식들을 믿고, 나는 교황 요한 바오로 2세에게 초보 어머니와 아버지들에게 설교를 해달라고 부탁하는 서면 청원을 올렸다. 그들에게 어린이 구타의 비극적 결과를 똑똑히 보여주고 싶어서였다.

내가 청원을 한 이유는, 구타의 결과를 알면 초보 부모들이 아이들에게 사랑을 베풀고 그들을 통해 배우기가 더 쉬울 것이라고 확신했기 때문이다. 그것을 모르면 아이들을 인생 초기부터 어린 환자로 만들어 약물치료와 심리치료를 받게 하는 수밖에 없을 것이다. 증세를 이해하지 못할 테니까 말이다. 교황은 말씀으로 수백만 신도에게 영향을 끼치고, 권위를 누린다. 그렇기 때문에 나는 교황이 어린이 구타에 대해 명백하게 반대하는 태도를 취할 경우, 근본적인 행동의 변화를 이끌어낼 수 있을 것이라고 생각했다.

심리학과 신경과학에서 이루어진 새로운 발견들이 교황의 관심과 참여를 일깨울 것이라는 희망에서, 그리고 이 새로운 지식들이 그다지 확산되지 않았음을 알기에, 나는 그것들을 되도록이면 짤막하게 설명하려고 애썼다. 여러 나라 언어로 쓴 편지가 직접 교황에게 확실하게 전달되게 하려고 노력했다. 그런데 서면 회답을 접한 나는 의구심을 느꼈다. 회신에서 교황이 내가 제공한 정보를 확인했다고 추론할 만한 구절을 단 하나도 찾을 수 없었기 때문이다.

바티칸 공국 비서실은 나에게, 10월 14일자 내 편지가 교황의 우편물에 무사히 도착하여 관심 있게 읽혔다고 통보했다.

비서실은 답신에서 폭력에 희생된 어린이들에 대한 나의 관심을 인정한다고 했다. 교회는 항상 청소년 교육에 신경을 써왔으며, 어린이와 청소년들이 육체적 · 심리적 · 도덕적 · 정신적으로 성숙할 수 있도록 인내와 온유함을 가지고 지켜봐야 한다는 사실을 잊지 않을 것이라고 했다. 그리고 얼마 전에 마리스타 수도회의 창설자이자 위대하고 진심어린 청소년의 대변자 마르첼리노 샴파냐(Marcellin Champagnat) 신부를 성인에 봉하여, 그가 청소년에게 보여준 거룩한 동정심을 널리 알렸다고 했다.

그의 거룩함이 나를 성모 마리아에게 바치는 기도로 인도하였으므로, 나와 내 주위의 모든 사람에게 교황의 축복을 내린다고 했다.

내 편지를 검열하여 전달하는 책임을 맡은 사람들은 편지 내용을 받아들이기가 매우 힘들었을 것이다. 편지에 담긴 정보가, 그들이 받은 교육에 대한 고통스럽고 귀찮은 기억을 떠올렸기 때문에 내 청원을 통째로 무시했을 가능성도 있다. 교황에게 편지를 전달하는 기관은 바티칸뿐 아니라 프랑스, 스위스, 폴란드, 미국에도 있는데, 이 모든 기관에서 이런 일이 벌어졌을 것이다. 그래서 내게 이렇게 아무 알맹이도 없는 답신이 돌아온 것으로 보인다. 내가 보기에 이것은 형식적인 편지에 불과한 것으로, 그 내용은 내 관심사와 최소한의 관계도 없었다. 이어서 장 마리 뤼스티게(Jean-Marie Lustiger) 추기경에게서 내 계획에 필요한 도움을 얻으려고 노력했으나 그 일도 실패로 돌아갔다. 아동 폭력의 위험성에 대한 새로운 지식을 가톨릭 교회에 전해줄 방법을 묻는 나의 질문에, 추기경 비서실에서는 핵심에서 벗어난 대답을 보내왔다. 가톨릭 교회의 최고 권위자들이 '모든 문제에 대해서' 의견을 표명할 수는 없으며, 우리의 관점을 제기하는 것은 평신도들의 문제라고 알려왔다. 그 편지에 대답하면서 나는 이렇게 물었다. "이제 당신의 답신을 읽고 다음과 같이 결론을 내려도 될까요? 가톨릭 교회가 설교하는 자비는, 하필이면 매 맞고 힘없는 아이의 고통이라는 문제에 부딪혔을 때 그 한계를 드러낸다고?" 인터넷에 있는 내 웹사이트(http://www.alice-miller.com)에 들어가면 우리가 주고받은 편지의 전문을 읽을 수 있다.

교황의 말씀으로 부모들의 행동이 당장 바뀌리라고 기대하지는 않는다. 그러나 그토록 오랜 기간 체벌을 옹호했던 바로 그 기관을 통해서 정보가 전해진다면, 신도들의 마음에 커다란 영향을 끼칠 수는 있을 것이다. 측근들에게 그럴 의지가 있다면, 교황은 일거에 폭력의 악순환을 깨뜨릴 수 있을 것이다. 교육 경력이 짧거나, 아예 교육을 받지 못해서 부모들에게 받은 것을 그대로 되풀이하는, 다시 말해 화가 나면 아이를 때리고 학대해서 아이가 죽어도 그것을 교육이라고 말하는 사람들에게 과학적인 발견의 성과가 알려지기까지는 무척 오랜 시간이 걸린다. 전 세계 사람들이 당연하게 받아들이고 있는 이런 정신 자세도 교황의 말 한 마디에 통째로 바뀔 수가 있다. 그러나 이와 같은 변화는 이루어지지 않았으며, 저 위에는 잠시 정적이 감돌고 있다.

내 주장이 교황에게 전달되지 않은 까닭이 무엇인지 모른다. 교황의 전기를 읽고, 나는 분명히 그가 어머니에게 사랑을 받았으며, 훗날 어머니가 돌아가신 뒤에는 아버지에게서 많은 보살핌을 받았다는 것을 알았다. 그런데 교황이 어렸을 당시 사람들은 어린이는 엄하게 키워야 올곧은 사람으로 자란다는 생각을 갖고 있었다. 분명히 교황도 그런 교육을 피하지는 못했을 것이다. 주지하다시피, 부모에 대한 사랑과 함께 이런 견해가 평생 동안 지속되는 경우는 흔하다. 이런 믿음을 흔들 때, 어린 시절의 불안감이 되살아날 수 있다. 하지만 나는 교황이 거기에 모든 것이 걸려 있다는 점을 인식하여, 앞장서서 이 문제를 해결해주기를 희망한다.

이 문제에 대해 오늘날의 부모들을 계몽할 힘이 자기에게 있으며, 부모들이 어쩔 수 없이 행사한 폭력이 새로운 폭력을 낳는다는 사실을 인식한다면, 교황은 자기가 가진 힘을 어린이들의 행복을 위한 일에도 쏟고 싶다는 희망을 품게 될 것이다. 그리고 자기의 말 몇 마디로, 날마다 교육이라는 이름으로 자행되는 학대 앞에서 수백만 명의 어린이들을 보호해줄 수 있다는 사실을 깨닫는다면, 그 희망은 한층 더 강렬해질 것이다.

어린이들에게 사랑을 베풀었다는 이유로, 19세기에 살았던 마르첼리노 샴파냐라는 한 남성을 성인의 지위에 봉했다지만, 그것만으로 폭력 예방이라는 우리 시대의 거대한 과제를 해결할 수는 없다. 그런데 도움이 필요한 피보호자, 곧 어린이들을 위해서 중재에 나서달라는 내 부탁에 대해 바티칸이 준 대답은 그를 성인위에 봉했다는 말뿐이었다.

프랑스 주교들에게 어린이 체벌 문제를 제기하려고 애썼던 올리비에 모레(Olivier Maurel)에게도 이와 비슷한 경험이 있다. 그가 주교 회의에 보낸 편지가 여기 있다.

"예하!

어린이 체벌에 대한 책을 쓰고 있는지라, 실례를 무릅쓰고 예하께 펜을 들었습니다. 최근에 발표된 수많은 연구 결과를 보면, 이 체벌이 어린이들에게 심각한 영향을 끼친다고 합니다. 손바닥으로 찰싹 때리는 것 정도는 악의가 없어 보이지만 그것도 마찬가지입니다. 유엔 아동 인권위원회는 이러한 점을 고려

하여, 아동 인권 협정에 서명한 여러 나라에 대해 약 10년 전부터 지속적으로 조사를 하고 있습니다. 각 나라는 자기 나라에서 어린이의 권리가 얼마나 존중받고 있는지에 대해서, 특히 가정과 학교·교도행정 기관의 육체적 폭력 행사에 대해서, 5년마다 보고서를 제출해야 합니다. 그 보고서들, 유엔 아동 인권위원회의 회의록, 그리고 위원회가 해당 국가에 보낸 논평들은 웹사이트(http://www.unhchr.ch)에서 접할 수 있습니다. 이 문건들은 전 세계에서 어린이들이, 정도는 서로 다르지만, 한 보고서에서 말하는 것처럼 실질적인 '외국인 혐오'의 희생자라는 사실을 보여줍니다. 가끔은 경악스러울 정도로 말입니다.

이 문제에 대해 가톨릭 교회는 어떤 계획을 갖고 있는지 예하의 생각을 알고 싶습니다. 어린이를 존중하고 보호할 의무가 있다는 개신교의 지시는 그 명백함에서 그 어떤 것에도 뒤지지 않습니다. 그런데 이것이 어린이가 모욕을 당하는 일이 일상사처럼 되어 있는 교육 현실과 어떻게 일치할 수 있겠습니까?

몇 가지 보고에 따르면, 프랑스에서는 80%의 부모가 육체적 폭력을 교육 수단으로 이용한다고 합니다. 나는 가톨릭 교회가 이러한 사실에 철저하게 침묵으로 일관한다는 인상을 받습니다. 물론 심각한 학대에 대해서 교회가 가끔 비난을 퍼붓기는 합니다. 그런데 사회에서는 잔혹함이 지나쳐 가해자가 사람들의 이목을 끌고, 법의 처벌을 받는 예외적인 사건들만 심각한 학대로 간주하는 형편입니다. 사실 '아동 학대'와 '부모 교육' 그리고 '훈육'을 구분하는 것은 순전히 인위적인 것입니다. 실제로 전 세계에서 어린이들은 부모의 교육적 권리라는 이름 아래 속수무책으로 매를 맞고 있습니다.

나는 『아프리카 선교Missions africaines』라는 잡지의 책임자에게서 정보를 얻으려 했습니다. 아프리카 대륙에서는 육체적 학대가 매우 폭넓고 또 잔인하게 자행되고 있는데, 그곳에는 가톨릭 교회의 교세가 매우 강하기 때문입니다. 다음은 클로드 레몽(Claude Rémond) 신부가 내게 보낸 회답입니다. '안타깝게도 내게는 아프리카의 가톨릭 교회가 교육적 폭력과 관련해 부모들의 주의를 상기시켰는지 여부를 말해주는 신빙성 있는 자료가 없습니다.' 친절하게도 그는 내게 토고에서 거리의 어린이들을 보살피고 있다는 한 수녀의 주소를 말해주었습니다. 내 질문에 대한 답변을 통해 그 수녀는 '체벌이 없으면 교육을 할 수 없다'는 것이 그곳에서는 상식이라는 사실을 확인해주었습니다. 더 나아가 그녀는 가톨릭 교회가 그에 대해서 단호한 조치를 취한다는 인상을 받지 못했다는 말을 덧붙였습니다. 몽둥이를 들고 어린이들에게 질서를 지키라고 요구하는 어른들을 교회에서도 자주 볼 수 있기 때문이라는 것이었습니다.

그렇다면 가톨릭 교회는 어디에 서 있다는 말입니까? 이런 문제에 관하여 가톨릭 교회가 특별 성명을 발표한 적이라도 있습니까? 교황과 주교들이 폭력에 대해서 지적한 적은 많습니다. 하지만 어린이들이 가장 사랑하는 사람들, 즉 부모를 통해서 최초로 폭력을 경험한다는, 예컨대 얼굴과 머리, 등이나 엉덩이를 두들겨 맞는다는 사실에 대해서는 한 번도 언급한 적이 없습니다. 내가 알기로는 단 한 번도 없습니다. 우리 모두 어린이들은 우리의 말이 아니라, 행동을 보고 배운다는 사실을 잘 알고 있으면서도 말입니다. 성인들이 난폭한 까닭은 한 가지뿐입니다. 자기들이 본보기로 삼고 따르던 사람들에게서 폭력을 경험했기 때문입니다. 그들은 이른 어린 시절부터 갈등은 폭력으로만 다스릴 수 있다는 것을 배웁니다. 한 번도 그 근원을 문제 삼은 적이 없는데, 폭력을 탄핵한들 무슨 소용이 있겠습니까?

이 문제에 대해 가톨릭 교회나, 교황 또는 주교들이 어떤 성명을 발표한 적이 있는지 알려주시면 매우 감사하겠습니다. 예하께서 그에 대한 대답을 모른다면, 누구에게 문의하면 좋을지 알려주시기 바랍니다.

존경하는 마음으로!
올리비에 모레 올림"

모레도 아래 내용을 보충하여, 편지 사본을 보내주었다.

"프랑스 주교회의 비서실에서는 내 편지에 대한 답신으로, 이 문제를 전문적으로 다룬다고 자처하는 종교기관 7군데의 목록을 보내주었습니다. 7군데에 모두 편지를 보냈는데, 두 달 뒤에 단 한 곳에서 회답을 받았습니다. 거기서는 오로지 국가의 손으로 자행된 고문만을 다룬다고 하더군요."

보편화된 이런 침묵은 우리를 불안하게 한다. 편지를 받은 사람들이 이 새로운 인식에 대해서 설명을 듣는 것이 이번이 처음이 아니었다면, 아마도 회신을 통해 그 사실을 말해주었을 것이다. 그런데 이런 문제와 처음으로 대면하는 것이라면, 왜 이런 정보가 그들에게 전혀 관심을 불러일으키지 못했는지 의심하지 않을 수 없다. 아무리 해도 납득하기가 어렵다. 미래를 책임질 세대의 행복이 그들에게는 아무 상관없는 일이란 말인가? 그런데 그들은 자주 폭력에 대해 이야기하며, 그것을 없앨 수 있는 수단을 찾으려고 한다. 또 증오와 폭력을 반대한다고 공공연하게 말한다. 그런데 그들은 왜 증오의 원인이 무엇이고, 그것이 어떻게 형성되는지에 대해서는 알려고 하지 않는 것일까? 왜 그들은 자기 앞에 놓인 보물창고를 무시하는 것일까?

매일 새롭게 악이 생산되고 있다는 사실을 직시하지 않으면서, 어떻게 그 악을 효과적으로 극복할 수 있겠는가? 성인인 우리가 고통스러운 문제에 대해 언급하기를 어린애처럼 두려워한다면, 오늘날 그 끔찍한 재앙에 맞설 수 있는 어떤 가능성이 남아 있는지 더 이상 확인할 수가 없다. 우리에게는 재앙이 현실화하는 것을 막을 수 있는 수단이 많다. 하지만 이를 제대로 활용하려면 눈을 떠야 한다.

그렇게 현실을 직시하고, 어린이 구타에 대해 명확하게 반대하는 태도를 표명한다면 교회의 권력이 약화될까? 그렇다고 가정할 수 있다. 현재 교회의 힘은 권위주의적인 계율에 대한 신도들의 복종에 바탕을 두고 있기 때문이다. 자의식이 있는 신도들이 가톨릭 교회의 구조에 대해 의문을 제기하기 시작하면 교회의 권력구

조는 와해될지도 모른다. 그런데 심리적인 법칙성을 외면할 경우에는, 이러한 가톨릭 교회의 구조를 지탱하여 다음 천년까지 유지하기는 거의 불가능할 것이다.

그런데 왜 교회는 권력을 필요로 하는가? 교회는 권력에 대한 의식 그 자체를 배제하는 사랑의 복음 위에 세운 것 아닌가? 교회가 사랑의 힘을 신뢰하지 못하고 권력에 매달리며 복종을 요구하는 까닭은 어디에 있는가? 신도가 수백만 명이지만 이런 질문을 제기하는 사람은 전혀 없다. 그들의 목적은 종교를 통해서 안도감을 얻는 것인데, 이것과 정신적 성숙은 전혀 어울리지 않는다고 믿기 때문이다. 그리고 어린 시절의 경험에 비추어, 그들로서는 하느님이 정신적으로 성숙한 인간을 사랑할 수 있으리라고 도저히 상상할 수가 없다.

아담과 이브처럼 그들은 사랑에 대한 대가로 부모에게 절대 복종하고, 맹목적으로 신뢰를 보내고, 알려고 하거나 스스로 생각하지 말아야 한다. 다시 말하면 진정한 자아를 포기해야 한다. 그들이 교회의 권위적인 태도를 받아들이는 이유는, 어린 시절부터 그것에 너무나 익숙해 있기 때문이다. 교회는 항상 말한다. 우리는 너희가 필요로 하는 것보다 더 잘 알고 있으며, 사랑받고 싶으면 복종해야 하고, 절대로 우리를 의심해서는 안 되며, 우리는 너희에게 대답할 의무가 없다고 말이다.

신도들을 인도하는 것은 누가 봐도 창세기의 정신임이 분명하다. 신도들은 휴일이 되면 기도를 올리고, 교회가 요구하는 일체의 계명에 철저하게 복종하며, 어떤 의문도 제기하지 않는다. 그들은 틀림없이 어린 시절에 이미 의문을 제기하는 법을 잊어버렸을 것이다. 그런데 그들 가운데 많은 사람이 그런 복종심과 미숙한 정신을, 극히 파괴적인 다른 주인을 위해 바칠 위험은 여전히 살아 있다.

순진하고 공손한 소년이던 아우슈비츠 수용소장 루돌프 헤스의 일기는 그와 같은 교육에 어떤 위험이 도사리고 있는지 잘 보여준다. 어릴 때부터 어른들의 '소망과 지시'에 늘 복종해야 했고, 이런 원칙이 '피와 살 속에 스며들어 있는' 사람들은, 오늘날 특정한 종파나 네오나치 단체, 혹은 근본주의 공동체들이 내세우는 이해하기 힘든 이데올로기에 거리낌없이 복종하여, 늘 그렇듯이 명령에 따라, 인간의 생명과 존엄성을 파괴한다. 그들에게서는 실오라기만한 자기 성찰의 흔적도 보이지 않는다. 그들은 과거에 자신의 인간적 존엄성을 파괴당하던 상황을 흉내내면서도 그 점을 인식하지 못한다. 그 이유는 굴욕을 당하던 어린 시절에 그것을 전혀 굴욕으로 의식하지 못했기 때문이다. 그들은 오로지 복종하는 훈련만 받았을 뿐이다. 분노를 감춘 채 어린 시절과 청소년기를 견뎌낸 사람들은 기회만 있으면 거의 자동적으로 그 주먹을 휘두른다.

이런 광경이 얼마나 더 되풀이되어야, 교회와 지도층 사람들이 복종의 이면을 이해할 수 있을까? 또 어린이의 정신적 성숙과 비판능력을 촉진하는 교육, 자유롭게 사고하는 어린이가 집에서처럼 편안하게 사랑받는다고 느낄 수 있는 교육을 쌍수를 들고 환영할 수 있을까? 그런 교육을 받은 아이라면 훗날 폭탄을 설치하고,

집에 불을 지르고, 돌을 던진 대가로 감옥에서 징역을 살 필요가 없을 것이다.

올리비에 모레와 비슷하게 나도 최고위급 정치가들, 예컨대 대통령, 총리, 장관들, 특히 점점 증가하는 청소년 폭력에 대해 크게 우려하는 듯한 연설을 한 정치가들에게 편지를 보냈다. 나는 그들에게 이러한 폭력의 근원에 대한 정보를 제공하고, 이렇게 증가하는 폭력에 맞서 어떤 조치를 취할 수 있다는 사실을 설명하려고 했다. 그렇게 하려면 폭력의 근원을 파악해야 한다는 말도 덧붙였다. 이번에도 물론 내가 바티칸 행정부에, 그리고 올리비에 모레가 주교회의에 편지를 보냈을 때와 비슷한 일이 벌어졌다. 어떤 큰 나라의 가족부 비서실에서만 내게 회신을 보내왔다. 답신에서 그들은 '부모의 교육'에 대한 나의 관심에는 고마움을 나타냈지만, '부모의 교육에 내재된 폭력'에 대해 언급한 부분은 철저하게 무시했다.

유권자들의 비위를 거스를까 두려워서든, 어린 시절 자기를 보호해주는 부모에게 벌을 받으며 느꼈던 오래된 공포 때문이든, 교회나 국가 지도층의 절대 다수는 폭력적인 교육이라는 문제를 떠맡는 데 불안감을 느끼는 듯하다. 이는 더 이상 숨길 수 없는 사실이다. 이 문제를 받아들일 경우 권위를 상실할지도 모른다고 생각한다면 잘못이다. 오히려 자기 내면의 이야기에 마음을 열고, 의식을 가지고 건설적으로 행동하겠다고 결심할 때, 그 이야기는 그들에게 도움을 줄 것이다.

문제를 회피하며 침묵하고, 결단을 미루고, 진실을 알려고 하지 않고, 활용할 수 있는 정보를 무시하는 행동을 우리는 그저 순진하고 소극적일 뿐이라고 생각한다. 그런데 그것은, 비록 무의식적이긴 하지만 치명적인 결정, 곧 청소년의 파괴성향을 부추기는 결정이다. 맹목적인 복종의 전통 아래 서 있는 청소년들은 온갖 위험한 결과를 무릅써가며 그런 태도를 고집하기 때문이다.

내가 교회의 권위주의를 경험한 것은 사실이다. 그러나 새로운 정신분석학의 인식에 커다란 관심과 깊은 이해를 보이는 성직자들이 전혀 없는 것은 아니다. 그들은 예외적인 존재다. 하지만 그들의 활동 덕분에 앞으로는 사정이 달라질 수 있을 것이다. 도널드 캅스(Donald Capps)도 그런 사람이다. 그는 프린스턴 소재 사목신학 연구소 교수로 재직하면서도 '어린 시절'이라는 보물창고를 뒤져 여러 가지 흥미진진한 내용, 특히 아우구스티누스의 부자관계를 밝히는 일을 멈추지 않고 있다.

6장

어린 시절에 대한 이해없이
그 사람에 대한 이해는 불가능하다

서문에서 창세기에 대해 이야기하면서 나는 사랑과 동시에 벌을 내리는 하느님을 받아들이는 일과, 논리적으로 납득할 수 없는 율법의 집행에 승복하기 어려웠다고 말했다. 이제는 독자들에게 창세기의 다른 측면을 보여주려 한다. 부연하자면, 내가 보기에, 먹으면 안 되는 그 사과는 선과 악에 대한 추상적인 지식뿐 아니라 우리 삶의 근원에 관한 지식, 곧 악의 발생에 대해 구체적으로 알려주는 지식을 상징한다.

죄를 짓기 전의 아담과 이브처럼 우리는 무죄로 태어났다. 그런데 극히 소수를 빼고는 우리 모두 계율과 위험, 처벌에 직면해 있다. 부모들은 어린 시절에 정신적 외상을 입고 억눌러왔던 감정을 우리에게 투사하여, 과거에 자기들이 겪었던 잘못된 일을 무의식적으로 우리에게 덮어씌운다. 브리기테의 이야기에 나왔던 정신과 의사 A처럼, 부모들은 종종 맹목적이고 파괴적인 반응을 보인다.

그것은 그들이 어린 시절로 돌아가 있기 때문이다. 다만 그 사실을 깨닫지 못할 뿐이다. 구타와 굴욕, 방치라는 형태의 학대를 견뎌내기 위해, 스스로 감정들을 숨겨야만 했고 이렇게 해서 그들은 통제할 수 없는 감정의 노예가 되었다. 감정을 통제할 수 없는 까닭은 그 의미를 이해하지 못하기 때문이며, 그 의미를 이해하지 못하는 까닭은 낙원에 살던 아담과 이브처럼 잔혹함을 사랑으로 여기고, 이해할 수 없는 계율에 따르고, 가끔 지옥과 연옥의 위협을 곁들여, 죽을 때까지 못 본 척하라는 가르침을 받았기 때문이다.

그러므로 어린이는 부모의 난폭함을 간파해서는 안 된다. 또 삶의 첫 걸음을 내딛는 시기에 정신적으로 얼마나 고통을 받았는지 알아차려서도 안 된다. 어린이는 고통을 느끼지 말아야 하며, 모든 것은 자기를 위해 일어난 일이고, 자기가 잘못했기 때문에 고통을 겪는 것이라고 믿어야 한다. 사실 이는 모두 부모의 행동을 어둠 속에 묻어두기 위한 조처다. 하지만 육체는 모든 것을 간직하기 때문에, 어른이 되어서도 과거에 있었던 사건에서 벗어나지 못한다. 비록 본인은 의식하지 못한다 해도, 그것은 그의 삶과 행동, 새로운 것에 반응하는 방식, 특히 자기 아이들에 대한 태도를 지배한다.

금지된 사과는 외부의 계율뿐 아니라, 어린 유기체가 마주하고 있는 힘의 경제학(Kräfteökonomie)이 요구하는 내적 계율을 상징한다. 어린아이는 진실을 지탱할 수가 없다. 그러므로 그것을 억눌러야 한다. 그것은 순전히 생물학적인 이유 때문이다. 그런데 이렇게 진실을 억누르고, 그 근원을 알려고 하지 않는 행동은 파괴를 부른다. 그 파괴력을 완화하려면 성인의 감정을, 원시림이 아니라 과일, 더러는 잘못 파종되어 열매를 맺은 독이 든 과일처럼 다룰 줄 아는 치료 전문가, 상담자, 교사가 필요하다. 그들은 과거에 대한 지식의 도움을 받아 독이 들어 있는 과일의 영향력을 제거하여, 아무에게도 해를 끼치지 않는 식물들이 자라는 땅을 마련할 수 있다. 독이 든 식물을 먹겠다는 사람은 없다. 그런데 많은 사람이 독이 든 식물을 먹으며 산다. 다른 것을 모르기 때문이다. 다른 것을 모르는 까닭은 익숙한 것에 집착하기 때문이다. 그들이 생존전략을 발휘했던 것도 그것을 위해서였다. 누군가의 도움으로 자신의 어린 시절로 돌아가 옛날에 부모가 보여준 전형적인 행동을 인식하게 되면, 맹목적으로 그런 행동을 되풀이하도록 강요받는 일은 더는 없을 것이다.

전기작가들은 인간의 실존이 미치는 최초의 지속적인 영향에는 그다지 관심이 없는 듯한데 이는 특이한 일이다. 심리역사학자(Psychohistoriker)들 이외에는, 치명적인 결정 하나로 언제든 수백만 명의 생명을 좌지우지할 수 있는 정치 지도자의 어린 시절을 깊이 파고드는 전기작가는 거의 없다. 독재자들의 삶을 기술한 수천 권의 책을 보면, 그들이 어린 시절에 겪은 함축성 있는 사건에 대해서는 거의 언급하지 않았거나, 언급했어도 심리학 지식의 부족으로 말미암아 그 의미가 과소평가되어 있다. 실재했던 사건들을 통해서 여러 가지 유용한 것을 알아낼 수도 있었을 텐데 말이다. 이는 유명했던 두 남자의 예에서 잘 드러난다. 스탈린과 고르바초프가 바로 그들이다.

스탈린은 알코올중독자인 아버지의 외동아들이었다. 그는 매일 아버지에게 심하게 두들겨 맞았다. 어머니는 자주 집을 비워 그를 보호하지 못했다. 아버지는 어머니에게도 주먹을 휘둘렀다. 스탈린의 어머니는 히틀러의 어머니처럼, 그가 태어나기 전에 벌써 세 아이를 잃었다. 유일하게 살아남은 스탈린은 언제 어느 순간에 아버지 손에 죽을지 모르는 목숨이었다. 그가 억눌렀던 극단적인 공포는 어른이 된 후 편집증, 곧 모든 사람이 자기 목숨을 노린다고 생각하는 망상으로 나타났다. 그 결과 1930년대에 수백만 명이 강제수용소로 추방되거나 처형을 당했다. 그런데도 사람들은 강력하고 존경받는 독재자에게서, 한 힘없는 아이가 위협적인 아버지에 맞서 투쟁했다는 인상을 받는다. 어쩌면 스탈린은 자기보다 정신적으로 우월했던 지식인들에 대한 가상 재판에서, 늘 자기 아버지가 그 무력한 아이를 살해하지 못하게 하려고 애를 썼을지도 모른다. 물론 그는 그것을 알지 못했다. 만약 그것을 의식했다면, 수백만 명의 사람들이 죽지 않았을지도 모를 일이다.

고르바초프의 가족은 사정이 전혀 달랐다. 거기엔 학대의 전통이 아니라 어린이와 어린이의 욕구를 존중하는 전통이 있었다. 누구든지 그 결과를 어른이 된 고르바초프의 행동에서 관찰할 수 있다. 오늘날 생존한 다른 정치가들과는 달리 그에겐 비상한 자질이 있음이 입증되었다. 사실을 직시하여 유연한 해결책을 찾으려는 용기가 있었고, 주위 사람들의 가치를 높이 평가했으며, 탁월한 대화능력이 있었고, 검소했으며, 권력을 탐하는 정치가들의 연설에서 자주 발견되는 거짓에서 자유로웠다. 또 자기과시 욕구에 휘둘려 불합리한 결정을 내린 적이 없다. 2차 대전 중에 그를 돌보 았던 부모와 조부모 모두 인간을 사랑하는 특별한 능력을 갖춘 사 람들이었던 것 같다.

사람들은 1976년에 세상을 떠난 그의 아버지를, 타인들과 다정 하고 사이좋게 지내며 한 번도 큰소리를 낸 적이 없는 남자로 묘사 한다. 어머니는 강인하고 솔직하고 밝은 성격이었다. 훗날 아들이 유명해진 뒤에도, 그녀는 작은 농가에서 자족하며 지냈다. 더 나아 가 고르바초프의 어린 시절은, 거짓과 학대, 체벌과 굴욕으로 인격 의 통합성이 훼손되지 않은 경우라면, 가혹한 물질적 궁핍도 아이 의 성격에 아무런 해를 끼치지 못한다는 좋은 증거를 제공한다.

스탈린의 테러, 뒤이은 끔찍한 전쟁, 참혹한 점령, 처절한 가난, 가혹한 육체노동, 이 모든 것은 고르바초프도 피할 수 없는 운명 이었다. 하지만 가정에서 정서적으로 보살피고 안정감을 느끼게 해주면, 아이는 모든 난관을 극복할 수 있다. 이와 같은 분위기를 보여주는 예가 있다. 2차 대전 말기에 미하일 고르바초프는 신발 이 없어 석 달 동안 학교에 가지 못했다. 이 소식을 듣고 부상병으 로 군 병원에 입원해 있던 아버지는 "미샤는 공부를 좋아하니 무 슨 수를 써서라도 반드시 다시 학교에 갈 수 있도록 해야 한다"는 내용의 편지를 어머니에게 보냈다. 어머니는 마지막 남은 양들을 1500루블에 팔아 아들에게 군화를 사주었다. 할아버지는 따뜻한 잠바를 한 벌 마련해주었는데, 손자가 부탁하자 그의 친구에게도 또 한 벌을 구해주었다.

아이의 욕구를 보호하고 존중해주는 것은 당연한 일이다. 그런데 우리가 사는 이 세상은, 욕구라는 권리를 존중받지 못하고 자란 탓에 성인이 되어서도 폭력(특히 공감·협박·무기)의 힘을 빌려 강제로 이러한 권리를 빼앗으려고 하는 사람들로 가득 차 있다. 어쩌면 고르바초프의 삶은 예외라고 할 수 있다. 그만큼 우리는 아동 학대의 결과에 대해 눈을 감은 사회에 살고 있다. 수천 명의 교수들이 대학에서 거의 모든 것을 다 가르치지만, 아동 학대의 결과를 전공으로 가르치는 곳은 한 군데도 없다. 이러한 학대를 교육이라고 위장하고 있기 때문이다.

전기작가들이 어린 시절에 대해서 그다지 관심을 쏟지 않는다고 내가 말하면, 사람들은 문학에서는 20년 전부터 어린 시절이라는 주제가 유행하고 있다고 답한다. 자신의 어린 시절을 서술한 자서전이 아주 많이 출판되고 있는 것은 사실이다. 더 나아가 요즘은 어린 시절을 아름답게 꾸미거나 이상화하려고 하지 않는다. 오히려 어린 시절의 불행을 훨씬 더 솔직하고 노골적으로 묘사한다. 그런데 내가 읽은 대부분의 자서전에서, 저자들은 어린 시절의 고통에 대해 감정적으로 거리를 두고 있다. 감정이입도 보이지 않고, 고통에 맞서 저항했다는 기록도 눈에 띄지 않는다. 부모나 교사들의 부당함, 둔감한 감성, 거기서 비롯된 난폭함의 배경에 대해서 의문을 제기하는 것이 아니라 그저 기술하는 데 그친다.

프랑크 매코트(Frank McCourt)가 쓴 『우리 어머니의 재 *Die Asche meiner Mutter*』를 보면, 전 페이지에 걸쳐 그런 이야기가 기술되어 있다. 하지만 그는 그것에 저항하기보다는, 애써 사랑스럽고 참을성 있는 태도를 유지한다. 그 대신 해학에서 구원을 발견한다. 그가 전 세계 수백만 명의 독자들에게 추앙받는 까닭은 바로 그 해학에 있다.

그런데 난폭함, 오만불손함, 위험하기 짝이 없는 아둔함에 대해 웃음으로 관용을 베푼다면, 어떻게 우리 사회의 어린이들을 돕고, 그들이 처한 상황을 변화시킬 수 있겠는가? 프랑크 매코트의 책에 있는 한 예에 그의 태도가 잘 드러난다.

> "리미 국립학교에는 교사가 일곱 명 있다. 모두 가죽채찍, 가느다란 회초리, 벚나무 가지를 들고 다닌다. 그것으로 우리의 어깨와 등, 그리고 아주 특별한 경우에는 손을 때린다. 손을 때릴 때, 우리는 그것을 손바닥 치기라고 부른다. 지각할 때, 펜대의 펜에서 잉크가 떨어질 때, 웃을 때, 이야기할 때, 뭘 모를 때, 그들은 우리를 때린다.
>
> 우리가 하느님이 세상을 창조한 이유를 말하지 못할 때, 리머릭 시[6]의 수호성인 이름을 대지 못할 때, 사도신경을 암송하지 못할 때, 19 더하기 47을 못할 때, 47 빼기 19를 못할 때, 아일랜드의 23개 행정구역 중에서 가장 중요한 도시와 생산품의 이름을 모를 때, 침과 콧물로, 또 퇴학을 당해 화가 난 학생들이 내던진 잉크병의 잉크로 얼룩진 대형 벽걸이 지도에서 불가리아를 찾지 못할 때, 그들은 우리를 때린다.
>
> 우리가 아일랜드어로 이름을 말하지 못할 때, 아일랜드어로

---

6) 아일랜드 먼스터 주에 있는 도시 : 역주

아베 마리아를 암송하지 못할 때, 아일랜드어로 화장실에 가도 될까요? 하고 묻지 못할 때, 그들은 우리를 때린다.

한 학년 상급생 형들의 말을 귀담아 들어두면 유익하다. 형들은 우리 반 담임이 무엇을 좋아하고, 무엇을 싫어하는지 말해줄 수 있다.

에이몬 드 발레라(Eamon De Valera)[7]가 역사상 가장 중요한 남자라는 사실을 모를 때 매를 드는 교사가 있는가 하면, 마이클 콜린스[8]가 역사상 가장 중요한 남자라는 것을 모를 때 매를 드는 교사도 있다.

벤슨 선생은 미국을 증오한다. 그러므로 우리는 미국에 대한 증오를 잊어서는 안 된다. 만약 이를 잊으면, 그가 우리를 때린다.

오드어 선생은 영국을 증오한다. 그러므로 우리는 영국에 대한 증오를 잊어서는 안 된다. 만약 이를 잊으면, 그가 우리를 때린다.

올리버 크롬웰(Oliver Cromwell)[9]에 대해 조금이라도 좋게 말하면, 그들 모두 우리를 때린다.

교사들이 옹이가 박힌 물푸레나무 가지나 벚나무 가지로 6대씩 때려도 울면 안 된다. 우는 아이를 길거리에서 비웃거나 조

---

7) 아일랜드 정치가. 아일랜드어의 부활운동을 이끌고, 아일랜드 독립을 주도한 인물.: 역주
8) 아일랜드의 테러리스트이자 아일랜드 공화국군(IRA: Irish Republican Army)의 창설자. 영국 총리 로이드 조지와 회담하여 '영국·아일랜드 조약'을 성사시켜 자치 정부인 자유아일랜드를 탄생시킨 인물.: 역주
9) 영국의 정치가. 철기군을 이끌고 청교도 혁명을 성공으로 이끈 사람.: 역주

사랑의 매는 없다

롱하는 소년들이 있다. 하지만 조심해야 한다. 그들도 교사들에게 매와 주먹으로 얻어맞는 날이 온다. 그때는 눈물을 눈알 뒤에 꼭 붙들어놓아야 한다. 안 그랬다가는 영원히 웃음거리가 된다. 어떤 소년은 우는 것이 더 낫다고 말한다. 그래야 교사들이 좋아한다는 이유에서다. 교사들은 울지 않는 아이를 싫어한다. 아이가 울지 않으면, 학급 아이들 눈에 자기들이 약해 보이기 때문이다. 그러면 교사들은 다음 번에는 반드시 피나 눈물을 흘리게 해주겠다고 다짐한다.

5학년 형들의 말을 들어보면, 오드어 선생은 아이들을 교실 앞에 정렬시키는 것을 좋아한다. 그래야 아이들 뒤에 설 수 있기 때문이다. 그런 다음 그는 아이들의 관자놀이를 꼬집어 위로 잡아당긴다. 아이들은 뒤꿈치를 들게 되고, 끝내는 발가락 끝으로 서야 한다. 눈에는 그렁그렁 눈물이 맺힌다. 아이들은 교실에서 우는 모습을 다른 아이들에게 보여주기 싫어한다. 하지만 관자놀이를 잡아 위로 당기면, 아이들의 눈에선 의지와 상관없이 눈물이 쏟아진다. 교사는 그걸 보고 좋아한다. 오드어 선생에게 걸리면, 백발백중 눈에서 눈물이 쏙 빠지고, 또 그 눈물 때문에 웃음거리가 된다.

사실은 울지 않는 것이 더 좋다. 교사는 바뀌지만, 다른 아이들하고는 언제까지나 함께 지내야 하기 때문이다. 또 무슨 일이 있어도 교사들의 마음을 즐겁게 해주고 싶지 않기 때문이다.

교사가 때렸다고 아버지나 어머니에게 하소연해도 소용이 없다. 어머니 아버지가 늘 하는 말이 있다. '맞을 짓을 했으니 선생님이 때렸겠지. 우는 소리 좀 작작 해.'"

해학이 아이의 생명을 구했고, 훗날 그가 책을 쓸 수 있게 해주었다. 그 점에 대해서 독자들은 해학에 감사한다. 많은 사람이 그와 비슷한 경험을 했고, 잔혹함을 웃음으로 넘기려 한다. 사람들은 웃음이 건강에 좋고, 또 생존에도 도움을 준다고 말한다. 맞는 말이다. 하지만 웃음이 우리를 유혹하여 맹목적인 인간으로 만들수도 있다. 지혜의 나무에서 열매를 따먹는 것이 금지되었다는 사실에 대해 우리는 웃을 수 있다. 하지만 그 웃음이 세계를 잠에서 깨우지는 못한다. 우리 자신을 이해하고, 세상에서 뭔가를 변화시키려고 할 때는, 선과 악의 차이를 이해할 수 있어야 한다.

웃음은 건강에 좋다. 틀림없는 사실이다. 하지만 웃을 이유가있는 곳에서만 그렇다. 자신의 아픔을 웃어넘기는 것은 고통을 회피하는 한 형식이다. 그것은 우리가 눈을 감고 보물창고 옆을 스쳐 지나가게 만든다.

전기작가들은 거의 빠짐없이 '지극히 정상적인 엄격한 교육'에대해서 이야기한다. 그 교육의 결과에 대한 좀더 근본적인 정보까지 제공해준다면, 독자들에게는 우리가 살고 있는 세상을 이해하는 데 필요한 귀중한 자료를 제공하는 셈이 될 것이다.

2

어린 시절의 체벌과 '부정의 교육'은 어떤 결과를 낳는가?

유아기에 아이의 감정을 이해해 줄 어머니나 어머니를 대신할 보호자가 곁에 없었던 경험이,

교육적 목적에서 가하는 체벌을 포함한 여러 가지 학대와 쌍을 이루어 감성 둔화와 사고의 폐쇄를 유발한다.

사고의 폐쇄는 고통과 불안감을 느끼지 않게 해주지만, 다른 한편으로는
감정을 둔감하게 만들고, 타인과 자신을 해치고 싶은 충동을 일으킨다.

┃얼마전 나는 편지 몇 통을 받았다. 웹사이트 'nospank'(http//www.nospank.org/toc.htm)를 통해 주고받은 것들이다. 영어로 쓴 편지들인데, 여기 인용하려고 한다. 이 편지에서 어느 아버지는 몇 마디 표현으로, 내가 다음에서 설명하려고 하는 관계에 대한 암시를 던지고 있다. 이 아버지는 자기가 무엇에 대해 언급하고 있는지 아직 눈치 채지 못한 듯하지만, 방향은 올바르게 짚고 있다.

손찌검 추방운동(No Spank Projekt)에 보낸 2000년 7월 16일자 편지

"안녕하십니까!

저는 이 웹사이트가 매우 유익하다고 생각합니다. 먼저 그 점을 말씀드리고 싶습니다. 저는 매를 드는 것은 좋은 일로 여겼습니다. 저 자신이 어려서 매를 맞았기 때문입니다. 선친께서는 교장 선생님이었는데, 학생들에게 벌을 주었습니다. 저는 벌을 주는 것은 해로운 행위가 아니라고 믿어 의심치 않았습니다. 아들이 태어나기 전까지는 그랬습니다. 세 살이 되자, 아내는 아들이 대소변 가리는 훈련을 시켰습니다. 아들이 변기에 앉지 않고 일어서면, 맨엉덩이를 사정없이 때렸습니다. 아이는 울기 시작했고, 나는 구역질이 났습니다. 어찌 해야 좋을지 모르겠더군요. 아내는 거듭해서 아이들을 때리며, 자기도 어렸을 때 학교에서 매를 맞았다고 말합니다. 겉으로 보기에는 매를 맞은 것 이외에 다른 일은 없었던 것 같은데 자세한 이야기는 하려 하지 않습니다.

학교에 다니며 매를 맞았다는 1965~1975년 사이에 아내에게 정확하게 어떤 일이 있었는지 알아낼 방법이 있을까요? 그걸 제게 말씀해줄 수 있겠습니까? 뭐가 되었든 그에 대한 자료가 남아 있을까요? 만약 있다면, 어떻게 하면 그 자료를 볼 수 있을까요? 어떤 도움이든 고맙게 받겠습니다. 아내는 세 학교에서 처벌을 받았다고 합니다. 여러분께서 저를 도와주실 수 있을지 모르겠습니다. 아주 사소한 것이라도 제겐 무척 유용할 것입니다.

감사합니다. 좋은 일에 행운이 함께하길 빕니다.

C. S. 보냄."

"안녕하십니까, C. S. 선생님!

선생님께 부인의 옛 학교생활에 관한 정보 수집에 소중한 시간을 낭비하지 말라는 말씀을 드리고 싶습니다. 기적처럼, 선생님이 찾는 정보가 문자로 기록되어 있다고 해도, 그 증거가 선생님 손에 들어가는 것을 학교 당국은 절대 허락지 않을 것입니다. 부인이 학창시절에 어떤 일을 겪었는지 선생님이 알았다고 해도, 지금에 와서 그 정보를 가지고 뭘 어떻게 하겠습니까? 부인은 그 기억이 다시 떠오르지 못하게 하려고, 더 나아가 어린 시절에 입은 정신적 외상을 자기 아이들에게 다시 재현하기로 작정한 듯합니다. 지금 부인이 하는 행동을 설명할 수 있는 단서를 가족사 속에서 찾아보려는 심정은 이해합니다. 하지만 이렇게 정보를 수집하는 일은 뒤로 미루고, 당장 선생님의 자녀들부터 보호하는 것이 더 현명하지 않겠습니까? 이 일은 한시도 미룰 수 없는 절박한 과제입니다. 훗날 자녀들이 "부모님 가운데 좀더 이성적이었던 분은 뭘 하고 있었을까? 그분이 도와주기를 그토록 간절하게 바랐는데!"하고 자문한다면 어떻게 하겠습니까? 선생님은 그런 일이 없기를 바랄 것입니다. 다음 편지는 (…) 선생님께서 더 이상 시간을 낭비해서는 안 될 것이라는 생각을 제게 강하게 일깨워줍니다. 거기에 선생님께 도움이 될 만한 내용이 들어 있는 듯합니다. (…) 한번 읽어보시기 바랍니다. 선생님의 편지를 'nospank' 사이트에 올려놓으려고 합니다 (물론 선생님 이름은 뺄 것입니다). 그리고 선생님 부인께서 전에 다녔던 학교의 징계조치에 대한 정보들이 있으면 알려드리겠습니다."

다음은 앞에서 말했던 편지다.

"2000년 7월 15일 토요일.

어려서 저는 어찌나 심하게 두들겨 맞았던지, 방광과 장이 조절기능을 잃어버려 똥을 싸고 말았습니다. 그래도 매질이 그치지 않아 온몸이 똥으로 뒤범벅이 되었습니다. 어머니가 다른 곳에 있었는지, 집에 없었는지 기억이 나지 않습니다. 말로든 행동으로든 어머니가 저를 보호해주지 못했다는 것은 정확하게 알고 있습니다. 몸을 씻고 옷을 갈아입고, 내내 울면서 느꼈던 수치심은 제 몸 깊숙한 곳에 숨어 있었습니다. '손찌검에 관한 간단한 대화(Plain Talk About Spanking)'를 읽기 전까지는 그랬습니다. 감사합니다. 제 이름은 언급하지 말아주십시오."

첫 번째 편지를 쓴 사람은 아내가 아이에게 매로 청결을 가르치는 것을 바라보기만 하다가, 아이가 울면 어찌할 바를 모른다. 그는 아내가 어려서 학교에서 겪었던 경험과 자기가 밝혀낸 것 사이에 어떤 관계가 있다고 어렴풋이 느끼고 그 점을 조사하려고 여러 군데 학교에 문의하려고 한다. 그런데 사실은 이런 행동을 통해 그는 자신의 감정에 따르는 것이 아니라, 그것을 회피하고 있다. 추측건대 그의 아내는 학교에서 처음 매를 맞은 것이 아니라, 벌써 그전부터 매를 맞고 자랐을 것이다. 그런 연유로 자기 아이도 때리는 것이다.

그는 편지에서 자기도 매를 맞았다고 짤막하게 언급했는데, 그렇다면 아버지에게 어떻게 매를 맞았을까?(우리는 교장이던 그의 아버지가 피보호자인 학생들에게 그야말로 직업상 벌을 주었다는 사실만을 편지에서 확인할 수 있다.) 편지에는 이 질문 자체가 전혀 나타나 있지 않다. 질문을 제기할 수 있으려면, 이 아들 곁에 '전문가 증인'이 있어야 했다: 다시 말해서 그가 다시 분노에 빠질 경우, 그로 하여금 어린 아이의 불안감을 경험하고, 고통을 참아내고, 이런 기억에 의지하여 방향을 찾아 나가게 해줄 수 있는 동반자가 있어야 했다.

지금 그의 분노는 무엇을 의미하는가? 편지는 그 점에 대해 아무런 정보도 제공하지 않는다. 아이 편이어서 아내에게 화가 나는지, 아니면 아이의 반응이 자기가 과거에 억눌러야 했던 고통을 일깨워 화가 나는 것인지 우리는 알 수 없다. 지금까지 그는 매를 대는 것은 해롭지 않은 정상적인 행동이라고 생각했다. 그래서 자기 아내에게는 어린 시절에 뭔가 다른 일이 있었을 것이라고 생각한다. 그는 때리는 것을 오랫동안 옹호도 했다고 썼다. 그런데 이제 웹사이트 'nospank'를 본 뒤로는 더 많은 정보를 얻고 싶어진 것 같다. 이런 일은 우리에게 둔감해진 감성을 극복할 수 있다는 희망을 품게 해준다. 그래서 사고의 폐쇄를 분석하기 전에 이 이야기를 언급한 것이다.

7장

감성의 둔화와 사고의 폐쇄

독자들이 보내온 소식 중에는 드러내놓고, 또 무조건 아이를 편들려고 하면 격렬한 반대에 부딪히곤 한다는 내용이 많다. 그런 행동은, 대부분의 사람이 친숙하게 여기는 인간관계의 틀을 제공해주는 어떤 체계를 의문에 빠뜨린다. 새로운 정보는 강한 흥분을 불러일으킬 수 있다. 그리고 이와 같은 흥분이 계속되는 과정에 자기도 모르게 상대를 협박하는 몸짓을 하는 수가 있는데, 이는 과거에 부모가 아이를 품행이 반듯하고 고분고분한 아이로 키우려고 할 때 들고 나왔던 협박의 몸짓과 매우 흡사하다. 그렇기 때문에 과거의 아이처럼, 전문가 증인에게는 아이의 부모에게 기피당하는 고통스러운 경험이 반복될 수밖에 없다.

그런데 어떤 경우에는 어린이를 변호하는 사람들에 대한 배척의 수위가 저주로까지 치닫는 수도 있다. 부분적으로 볼 때, 그들을 대하는 맹목적인 분노는 일찍이 초기 기독교도들을 박해할 당시 횡행했던 증오와 비슷하다. 초기 기독교도들은 잔혹한 고문 끝에 학살을 당했으니 그 증오의 결과를 어느 다른 것과 비교할 수는 없다. 그런데 오늘날 어린이를 보호하라는 예수의 복음에 충실한 바로 그 사람들에게, 그때처럼 적대적인 태도를 드러낸다는 것은 놀라운 일이 아닐 수 없다.

기독교 박해는 교회가 마침내 확고하게 자리를 잡았을 때 종지부를 찍었다. 지금 나는 어린이를 변호하는 사람들이 악의적인 추궁을 당하지 않도록 제도적으로 뒷받침해달라는 부탁을 하는 것이 아니다. 그들의 강점은 어린 시절에 내재된 법칙성이 검증 가능한 결과를 보여준다는 사실을 잘 알고 있다는 것이다. 나는 아동 학대 당사자들의 보고들이 그에 대한 가장 중요한 증거라고 생각한다. 그 보고들은 아동 학대의 결과가 자기 아이들과의 관계에 어떤 영향을 끼치는가를 보여준다. 여러 해 전부터 두뇌 연구와 유아기 연구 분야에서 희생자와 전문가 증인의 진술에 타당성이 있음을 입증하는 추가적인 증거들이 제시되고 있다.

아이는 두뇌의 발달이 완료된 상태에서 태어나는 것이 아니다. 신생아의 뇌는 생후 3년에 걸쳐 그 구조가 완성된다. 이 최초의 기간에 뇌에 흡수된 자극이, 경우에 따라서는 그 이후에 흡수된 정보를 모두 합친 것보다 더 강한 인상을 뇌에 남긴다. 어머니나 다른 관련 인물들에게 받은 감정의 경험과 행동 지침이 고스란히 몇 십 년 동안 지속되기도 한다. 그렇기 때문에 오늘날에는 그 누구도 아이들에게 고통을 주고, 모욕하고, 비웃고, 속여야 한다는 말을 하지 않는다. 어린 시절에 우리는 그런 표현들을 배우지 않

았다. 그런데도 매가 우리에게 도움이 되었으니 다른 사람들에게
도 도움이 될 것이라는 말이 도처에서 들린다. 그건 우리가 어려
서 '손바닥으로 맞거나' 주먹으로 얻어맞으며 듣던 말이다.

두뇌 연구자들의 최신 연구 자료들을 읽고 유아기 연구의 결과
를 접하고 나서, 나는 저 최초 학습의 지속성을 더 명쾌하게 설명
할 수 있게 되었다. 그 자료들에 대한 독서를 바탕으로, 이제 나는
모든 어머니에게 이렇게 말하고 싶다. 한 번 손찌검을 했다고 절
망하지 마세요. 분명히 당신도 아주 어려서 그런 고통스러운 경험
을 했을 것입니다. 그건 거의 자동적으로 일어나는 일입니다. 실
수를 했더라도 이를 깨닫고 인정하면, 대부분은 만회할 수 있습니
다. 하지만 아이들에게 "너희를 위해 손찌검을 했다"는 말은 절대
로 해선 안 됩니다. 그런 말은 그들을 우롱하고 사디즘을 은폐할
따름이니까요.

1981년에 내가 『넌 몰라도 돼』라는 책에서, 감정들에 대한 '억
압(Verdrangung)' '부정(否定, Verleugnung)' '분열(Abspaltung)'이라
는 개념들을 이용하여 다양한 측면에서 조명하고 개념화하려고
노력했던 것을, 오늘날 두뇌 연구의 결과들이 입증하고 있다. 많
은 저자들이 벌써, 지능이 생기려면 아기와 관련 인물 사이에 초
기 결합이 반드시 필요하다는 점을 강조하고 있다. 다니엘 골먼
(Daniel Goleman)은 감성지능이라는 말을 사용하지만, 카타리나 짐
머(Katharina Zimmer)와 다른 사람들은 특별히 감성지능이라는 것
은 없으며, 지능 그 자체의 발달은 유아기 초기의 감정들과 관련
되어 있다고 분명히 말한다.

어쩔 수 없이 어린 시절의 고통을 억압하게 되면, 과거에 자기가 겪었던 사건을 부정할 뿐만 아니라, 모든 어린이의 아픔을 인정하지 않게 되고, 그로 말미암아 사유능력이 현저하게 떨어진다. 두뇌 연구의 결과들은 그 이유가 어디에 있는지 설명해준다. 이와 같은 감성의 둔화 현상은 교육의 이름으로 이루어지는 징벌과 (남자와 여자의) 할례를 두둔하는 데서 어느 정도 드러난다. 유아기에 어머니나 어머니를 대신할 보호자가 곁에 없었던 경험이, 교육적 목적에서 가하는 체벌을 포함한 여러 가지 학대와 쌍을 이루어 감성 둔화와 사고의 폐쇄를 유발한다.

조지프 르두(Joseph LeDoux), 데브라 니호프(Debra Niehoff), 캔디스 퍼트(Candace B. Pert), 다니엘 스캑터(Daniel L. Schacter), 로버트 새폴스키(Robert M. Sapolsky) 같은 이름 높은 두뇌 연구자들과 그 밖에 다른 연구자들의 출판물을 통해서, 어린이와 관련 인물 사이에 초기 의사소통이 부족할 경우, 지능 결핍을 초래한다는 사실이 드러났다. 어린아이가 매를 맞거나 다른 방식으로 학대를 당해도 마찬가지로 뇌에 손상을 입는다. 스트레스를 받으면 새롭게 형성된 신경세포들과 그것들 사이의 결합이 파괴되기 때문이다(예를 들어서 스페인의 부모 학교에서 권장하는 대로 모차르트 같은 아이를 만들겠다고 태어나자마자 여러 시간 음악을 틀어주는 것처럼, 태아에게 격렬한 자극을 줄 경우에도 그와 같은 일이 일어날 수 있다. 아이에게 필요한 것은 자기만의 리듬을 느끼는 것이지 외부의 강제가 아니다. 그래야 두뇌가 자유롭게 발달할 수 있다). 유아기 초기의 감정은 몸속에 흔적을 남기고, 또 암호가 되어서 정보로 남는다. 그런데 이 정보는 어른이 된 후 우리가 느끼고 사고하고 행동하는 방식에는 영향을 끼치지만, 의식적이고 논리적인 지능에는 거의 접근하지 못한다고 한다. 두뇌 연구자들은 이 점에서 의견의 일치를 보인다.

나는 이런 연구 결과들이 우리 손에 열쇠를 쥐어주었다고 본다. 그러나 내가 보기에 연구자들이 그 열쇠를 사용한 것은 아니다. 『감정 분자 *Moleküle der Gefühle*』의 저자 캔디스 퍼트가 감정 분자의 발견에 대해 흥미진진하게 설명하는 대목에서처럼, 전문가라는 사람들은 항상 새로운 열쇠를 만드는 데 도움을 주기는 하지만 그 열쇠가 어느 자물통에 들어맞는가 하는 물음에 대해서는 별로 관심이 없다는 인상을 종종 받는다.

조지프 르두는 예외에 속하는 대표적인 사람 가운데 한 사람일 것이다. 『감성의 그물 *Das Netz der Gefühle*』이라는 저서 마지막 부분에서 그는, 인식 체계와 감성 체계 사이에 '협력'이 이루어지고 있다고 주장한다. 그는 초기의 감성적인(육체적인) 기억들이 위력적이고 집요하며, 그 집요함 앞에서 우리의 인식기능은 곧잘 무기력해지곤 한다는 사실을 강조하며 설명한다. 그러면서도 두 체계 사이의 협력이 절대적으로 필요하다는 사실에 대해서는 더할 나위 없이 분명히 인식하고 있다.

사실 그는 치료 전문가가 아니다. 두뇌 연구자의 한계 안에 머물러 있는 사람으로서 본래 육체의 감성 지식(무의식적인 것)과 인지 의식 사이에 다리를 놓는 방법을 모른다고 솔직하게 인정한다. 그것은 어린 시절에 입은 정신적 외상의 체험과 감정들을 의식적으로 한데 묶어 처리하는 심리요법에서나 가능한 일이다. 그렇게 해야 사고의 폐쇄 상태가 풀리기 때문이다. 다른 사람들과 나 자신의 경험을 통해서 나는 그 점을 알고 있다. 사고의 폐쇄 상태가 해소되면, 아주 어린 시절에 겪었지만 인정받지 못한 학대를 상기시켜줄 수도 있을 고통과 마주칠까 두려워 그때까지 사용하지 않고 있던 뇌의 영역들이 틀림없이 당장 활성화될 수 있을 것이다.

나에게서 그 사실을 확인했다. 몇 십 년 동안 나는, 내가 어렸을 때 절대 매를 맞지 않았다고 철석같이 믿었다. 매를 맞았던 기억이 전혀 없었기 때문이다. 부정의 교육을 읽고, 어린이들이 아주 어린 나이에, 곧 젖먹이 때 벌써 체벌을 통해 복종과 청결을 학습한다는 것을 알게 되었을 때, 나는 내 기억이 지워져 있는 까닭을 이해하게 되었다. 분명히 나도 젖먹이 때 매우 효과적인 교육을 통해 고분고분 말 잘 듣는 아이로 자랐을 것이기 때문에, 그에 대한 육체적인(이른바 암시적인) 기억만 있지, 의식적인(명시적인) 기억이 없었던 것이다. 훗날 어머니는, 고집을 부릴 때를 제외하고는 내가 여섯 달째부터 기저귀를 차지 않고도 아무런 말썽을 피우지 않았다고 자랑스럽게 이야기했다. 고집을 피울 때도, 엄한 표정으로 한 번 쳐다보기만 하면 다시 착한 아이로 돌아갔다고 했다.

지금 나는 그 값으로 내가 어떤 대가를 치렀는지 알고 있다. 그 엄한 눈길이 무서워서, 하고 싶은 말이 많았지만 할 수가 없었고, 감히 그럴 생각을 한 번도 품지 못했다. 하지만 결국은 내 노력으로 그렇게 할 수 있는 능력을 획득했다는 것도 알고 있다. 사고를 위축시키는 이 힘의 위력은, 신학자들과 철학자들이 예나 지금이나 똑같이 두뇌 연구의 결과들과 아동발달의 법칙을 고려하지 않은 채, 윤리 문제를 놓고 토론을 벌이는 모습에서 특히 잘 드러난다. 두뇌 연구의 결과와 아동발달 법칙이 '악'의 발생 내지 악의 파생이라는 문제에 해답을 줄 수 있는데도 말이다. 오늘날의 유아기 연구를 진지하게 받아들이면, 정신분석학자들도 부정의 교육을 통해 전해진, 타고난 파괴적 충동과 사악하고 비뚤어진 아이에 대한 견해를 수정하지 않을 수 없을 것이다. 안타까운 일이지만, 존 보울비(John Bowlby)의 지지자들과 다니엘 스턴(Daniel L. Stern)의 사고방식은 오늘날도 여전히 정신분석학 분야에서 예외라는 꼬리표를 떼어내지 못한 것 같다. 아마도 보울비가 최초 결합에 관한 이론을 통해 금기사항을 깨뜨렸기 때문일 것이다. 그는 반사회적 행동은 유아와 어머니 사이에 애정 있는 결합이 결핍된 것에서 출발한다고 설명했는데, 이는 명백히 프로이트의 충동이론에 반대되는 주장이었다.

우리는 보울비보다 한 걸음 더 나가야 한다. 여기서는 반사회적 행동이나 나르시시즘적인 장애만이 문제가 아니라, 어린 시절에 입은 정신적 외상에 대한 부정과 억압, 그리고 감정의 분열이 우리의 사고능력을 위축시키고, 사고의 폐쇄를 불러일으킨다는 사실을 인식하는 것도 중요하기 때문이다. 정신적 외상을 부정하는 현상의 생물학적 원인은 두뇌 연구를 통해서 밝혀졌지만, 그것의 결과, 그것이 우리 심성에 미치는 영향에 대해서는 아직 깊이 성찰하지 못했다. 우리가 그렇게 빈번하게, 그리고 전 세계에서 확인할 수 있었던 어린이의 고통에 대한 무감각이 어린 시절에 발생한 사고의 마비와 결부되어 있다는 사실을 깊이 생각하는 사람은 아무도 없는 것 같다.

우리는 어려서부터 자연스러운 감정을 억압하고 부인하는 태도를 학습한다. 모욕을 주고 매를 드는 것은 우리가 잘 되라고 하는 일이니 고통스러워해서는 안 된다고 배운다. 두뇌에 이런 허위 정보가 저장된 상태에서, 똑같은 수단으로 우리 아이들을 교육하면서, 우리에게 좋았으니 그들에게도 좋을 것이라는 생각을 주입한다.

수십억이나 되는 사람들이, 아이들은 폭력을 써서 키워야 착하고 이성적인 아이로 자랄 수 있다고 아주 진지하게 주장하는 까닭이 거기에 있다. 그들은 자기들이 어린 시절에 느꼈던 불안감을 인정하지 않으며, 체벌을 받고 자란 이 아이들이 마찬가지로 훗날 다른 사람이나 자기 자신에게 폭력을 행사할 것이라는 사실을 인정하려 들지 않는다. 수많은 지식인에게까지 퍼져 있는 이와 같은 파괴적인 확신에 대해 사람들은 반론을 제기하지 않는다. 그런 확신이 아주 일찍부터 육체에 저장되었기 때문이다. 이런 견해를 가진 사람들은 자기 전문 지식과 현저하게 모순되는 주장들을 당당하게 내세우면서도 그걸 전혀 깨닫지 못한다. 내가 주관한 어떤 워크숍에서 한 심리학 교수는 이런 말을 했다. "일반적으로는 당신 생각에 동의합니다. 그러나 법으로 체벌을 금지하려는 노력은 지지할 수가 없군요. 그것이 아이들에게 가치를 전해줄 기회를 부모에게서 박탈할 것이니까요. 이는 중요한 일입니다. 내 아이들은 이제 3살과 5살인데, 앞으로 해도 될 일과 해서는 안 될 일을 배워야 할 거예요. 만약 그런 법이 통과된다면, 아이를 낳겠다고 마음먹는 젊은 부부들이 훨씬 줄어들 겁니다."

그 남자에게 어린 시절에 매를 많이 맞았느냐고 물었다. 그는 실제로 꼭 맞아야 할 때에만, 다시 말하면 아버지가 완전히 마음의 평정을 잃었을 때에만 매를 맞았다고 대답했다. 그리고 그렇게 맞은 것을 당연한 일로 받아들였다. 이어서 그에게 몇 살 때 마지막으로 매를 맞았느냐고 물었더니 17살 때였다고 대답했다. 사춘기 때 말썽을 피워 아버지가 엄청나게 화를 냈다는 것이다. 무슨 일로 아버지가 그렇게 화를 냈느냐고 물었다. 그는 처음에는 아무 말도 못하더니, 잠시 생각 끝에 이렇게 대답했다. "이유는 기억나지 않아요. 벌써 꽤 오래 전 일이에요. 하지만 매우 중요한 일이었을 거예요. 지금도 아버지의 일그러진 얼굴이 기억나니까요. 우리 아버지는 매우 공정한 분이셨어요. 내가 벌 받을 짓을 했던 게 틀림없어요."

내 귀를 믿을 수가 없었다. 그때 발달심리학을 공부하고, 아동 학대에 대해 적극적으로 반대한다는 한 남자가 끼어들었다. 그는 이른바 교육적인 목적에서 엄한 체벌을 하는 것을 무의미하다고 여기지는 않는다고 했다. 그런데 내가 보기에는 이런 문제를 통해 명백하게 드러난 그 사람의 생각의 장벽이 더 큰 문제였다. 거기에도 물론 이유가 있을 것이다. 아마도 어린 시절에 느꼈던 불안감 때문일 것이다. 그래서 한 동안 주저하다가, 위험을 무릅쓰고 솔직하게 내 생각을 털어놓았다.

"그때 당신은 17살이었는데 체벌을 받은 이유를 기억하지 못하는군요. 다만 아버지의 일그러진 얼굴만 기억하면서 그것만으로 벌 받을 짓을 했을 거라는 결론을 내리고 있어요. 그러면서도 당신은 의도가 좋다면, 체벌로 가르치고자 하는 가르침을 3살과 5살짜리 아이들이 참고 받아들일 것이라고 기대하는군요. 어떻게 어린 아이가 청소년보다 더 잘 이해하고, 그걸 통해서 삶에 보탬이 될 그 무엇을 배울 것이라고 생각하게 되었나요? 매를 맞은 아이는 자기가 느낀 불안감, 흥분한 부모님의 얼굴밖에 기억을 할 수가 없어요. 이유에 대해서는 거의 기억을 못해요. 아이는 당신처럼, 자기가 잘못해서 벌을 받았을 것이라고 추측할 뿐이에요. 그런 것이 교육적으로 어떤 효과가 있을까요?"

나는 아무 대답도 듣지 못했다. 그런데 이튿날 그가 내게 와서 거의 잠을 잘 수가 없었으며, 많은 것을 생각하지 않을 수 없었다고 했다. 그런 반응이 반가웠다. 생각이 변하는 것을 볼 수 있었기 때문이다. 대부분의 사람은 솔직하게 속내를 드러내는 것이 두려워 논리적인 모순에 빠져서도 부모들의 생각을 되풀이한다. 어릴 때부터 그렇게 배운 탓이다.

그런데 이러한 고통의 흔적은 소멸되지 않는다. 만일 그것이 사라진다면, 사람들이 과거에 받았던 폭행을 아이들에게 되풀이하는 현상은 일어나지 않을 것이다. 소멸되었을 것이라고 믿지만, 기억의 단편들은 여전히 몸속에서 활동하고 있다. 언젠가는 사람들이 자신의 행동방식을 의식할 때가 올 것이고, 늦어도 그때 가서는 이 점을 깨닫게 될 것이다.

사람들이 어린 시절에 대해 최소한의 기억도 하지 못하면서, 아이들을 대할 때 부모가 했던 행동을 정확하게 되풀이하는 것을 보면 놀랍다. 예컨대 자기 아버지에게 어떤 모욕을 받았는지 의식하지 못하는 아버지가, 대를 이어 빈정대며 자기 아들을 때리고 모욕하는 것이다. 정교하고 효과적인 심리요법을 받으면, 그도 자기 아들 나이에 아버지에게 어떤 일을 당했는지 깨달을 것이다. 이 예처럼 어린 시절에 입은 정신적 외상을 망각하고 무시하는 것은 해결책이 되지 못한다. 주변 사람, 특히 아이들과의 관계에서 그 과거가 되풀이되기 때문이다.

그에 대해 우리가 할 수 있는 일은 무엇인가? 내가 생각하기에는 우리가 직접 겪은 일, 그러니까 어린 시절에 아무런 의심 없이 받아들였던 생각들을 밝혀내고 그것을 오늘날 우리가 배운 것과 비교해보는 것이다. 이런 노력을 통해 과거에는 보지도 느끼지도 못하던 일들을 제대로 보고 느낄 수 있을 것이다. 사실 감정이입 능력을 갖추고 이야기를 들어주는 증인이 없을 때는, 고통의 위력 앞에서 자신을 보호하기 위해 그렇게 행동할 수밖에 없었다. 만일 그런 증인이 있다면, 어린 시절에 감정을 억눌렀던 이유가 밝혀져 의미를 갖게 되고, 극복할 수 있을 것이다. 하지만 감정이입 능력을 갖춘 동반자가 없고, 정신적 외상을 입은 어린 시절의 현실을 이해하지 못하면, 감정들은 혼란스러운 상태를 벗어나지 못하고 심한 불안을 느낀다. 또 이 불안감이 온갖 이데올로기를 앞세워 강력하게 저항하면 그 원인은 완전히 어둠에 묻히고 만다.

나는 이 책의 '책을 시작하며'에서 사고가 폐쇄되는 과정과 그 기능에 대해 간략하게 언급했다. 여기서는 이 메커니즘을 설명하려고 한다. 어떤 점에서 사고의 폐쇄는 우리의 친구다. 고통을 느끼지 않게 해줄 뿐 아니라, 지나간 일에 대해서도 불안감을 느끼지 않게 해주기 때문이다. 다른 한편으로 사고의 폐쇄는 우리의 적으로 탈바꿈할 수도 있다. 감정을 둔감하게 만들고, 타인과 자신을 해치고 싶은 충동을 일으키기 때문이다.

우리는 매 맞는 아이의 불안감과 고통을 느끼지 않으려고, 삶에 긍정적인 지식을 포기하고, 종파(Sekte)에 몸을 맡기고, 허위를 꿰뚫어보지 못하고, 아이들에게는 매가 필요하다고 주장한다. 여기서 사고의 폐쇄에 대한 논문을 쓸 생각은 없다. 다만 독자들이 직접 판단할 수 있도록 몇 가지 예를 들어볼까 한다. 어린 시절의 사건은 (예컨대 굴욕, 어린이의 고통에 대한 이해부족과 같은 공통적인 요소들이 있기는 하지만) 기본적으로는 일회적이기 때문에, 억압당하고 분열된 감정의 내용이 저마다 다르다. 어쩌면 바로 거기에 진보와 민주주의가 자리잡을 수도 있다. 자신이 겪은 비극적인 사건 탓에 감성이 둔감해진 사람 수백만 명이 능수능란한 위선자나 미치광이 범죄자를 지도자로 선출한다고 치자. 그 나라에도 어린 시절에 학대를 경험하지 않고, 간접 보호자가 곁에 있어준 덕분에 어른이 되어서 통찰력을 유지하는 사람이 몇 명이 있기 마련이다. 그들은 거짓을 간파하고, 실질적인 위험을 정확하게 판단할 수 있을 정도로 자유롭지만, 절대 다수는 그렇지 못하기 때문에 권력욕에 물든 정치가들 손에 자기를 맡기는 것이다.

둔감해진 감성은 종파의 구성원들에게서 가장 쉽게 관찰할 수 있다. 국외자는 세뇌절차를 밟지 않기 때문이다. 이를테면 여호와의 증인은 끊임없이 세상의 몰락이 임박했다고 말하면서 아이들에 대한 체벌을 옹호한다. 그들 모두는 자기 안에, 사랑하는 부모에게 학대를 받으면서 이미 세상의 몰락을 체험한 매 맞는 아이를 품고 있다. 그런데 그들은 도무지 그 사실을 깨닫지 못한다. 그것보다 더 심각한 체험이 있을까? 여호와의 증인들은 고통을 기억하지 못하고 매를 맞아도 아프지 않다고 아이들에게 주장하는데, 그런 태도를 아주 이른 어린 시절부터 학습한 듯하다. 그들에게는 세계의 멸망이 늘 현존한다. 하지만 그들은 그 이유를 알지 못한다.

또 다른 예로 루마니아의 독재자 차우체스쿠의 둔감한 감성을 보자. 그는 열 명의 형제자매와 함께 단칸방에서 자라면서 부모의 보살핌을 거의 받지 못했다. 그런데도 그런 생활이 얼마나 고생스러웠는지 의식하지 못했다. 그는 광적으로 화려한 궁중생활을 하면서 그 기억을 오랫동안 억누르고 있었다.

그러나 그의 암시적인(육체적인) 기억에는 어린 시절의 고통이 고스란히 보존되어 있어, 국민 전체를 향해 그에 대한 복수를 하라고 그를 충동했다. 자기 어머니가 그랬듯이, 그의 독재 치하에서 여성들은 낙태수술을 받을 수 없었다. 그래서 루마니아의 대부분 가정에서는, 전에 차우체스쿠 부모가 그랬듯이, 자기들의 의지와 능력에 넘치는 아이들을 양육해야 했고 고아원에는 최소한의 보호도 받지 못하고 방치되어 중증 행동장애와 신체장애를 겪는 소년 소녀들이 넘쳐났다. 도대체 누가 이렇게 많은 아이를 원했을까? 아무도 없었다. 험난했던 어린 시절에 대한 무의식적인 기억에 고무된 독재자뿐이었다. 그의 사고는 폐쇄되어 있었다. 그래서 자기가 어처구니없는 행동을 하고 있다는 사실을 깨닫고 싶어도 깨닫지 못했다.

　나를 비판하는 사람들은 세계사적인 사건을 오로지 한 인간의 어린 시절로 설명할 수는 없다는 반론을 제기한다. 그들은 내가 환원주의에 빠졌다고 비난하며, 또 내가 '오로지' 한 가지 원인만을 내세운다는 구실을 내세워 일체의 토론을 회피한다. 그런 구실만 앞세우면 이 문제를 깊이 생각하지 않아도 떳떳하다고 믿는 듯하다. 그렇지만 나는, 앞서 말한 것이 세계사적인 사건의 유일한 원인이라고 생각지 않는다. 내가 분명히 말하고 싶은 것은 그런 원인들이 항상 무시된다는 사실이다. 여러 가지 이유로 사람들은 내가 한 번도 사용해본 적이 없는 주장을 나의 논거라고 떠넘긴다. 내 주장을 극단적으로 단순화하는 현상은 여러 책에서 발견할 수 있는데, 영국의 역사가 이언 커쇼(Ian Kershaw)의 책도 그런 예에 속한다. 히틀러의 삶과 이력을 매우 면밀하게 조사한 것 때문에, 사람들은 그가 정확한 사람이라고 생각한다. 그런데 안타깝게도 어린이의 감정세계에 대한 개인적이고 의식적인 경험이 부족했던 그는 히틀러의 어린 시절의 역학관계와 그 후에 드러난 광적인 권력욕을 연관시켜 이해하지 못한 듯하다.

　아프리카에서도 관찰했던 것처럼, 이른 어린 시절의 감정들이 성인이 된 후에 파괴적인 증오로 바뀌어 배출되는 현상에 대해 커쇼는 아무것도 모르는 것 같다. 이런 무지야말로 한 역사가의 사고가 폐쇄되어 있음을 명확하게 입증하는 증거가 아닐 수 없다. 그는 자신의 지적 역량을 히틀러의 삶을 구성하는 수천 가지 개별적인 사건 연구에 쏟아 붓고도, '히틀러는 왜 그랬을까?'라는 의문을 풀어줄 열쇠를 주도면밀하게 피해갔다. 그 열쇠가 어린 시절 속에 숨어 있었기 때문이다.

론 로젠바움(Ron Rosenbaum)은 불어판 『히틀러는 왜 그랬을까? *Pourquoi Hitler?*』에서 이런 문제를 제기하기는 했지만, 마찬가지로 대답을 하지는 못했다. 그는 날짜와 일화들을 신문기사처럼 편집했을 뿐, 새로운 성찰을 보여주지는 못했다. 로버트 웨이트(Robert G. L. Waite)의 연구와 같은 중요한 연구들을 활용할 수 있었는데도, 그 역시 금기시된 열쇠를 건드리지 않으려고 조심했다. 웨이트는 『정신병을 앓는 신: 아돌프 히틀러 *The Psychopathic God*』라는 책 서문에 1939년 9월 1일 오든(W. H. Auden)이 쓴 시를 실었다. 이 날은 독일 군대가 폴란드를 기습함으로써 제2차 세계대전이 시작된 날이다.

> 정확한 학식이 있으면
> 루터부터 오늘에 이르기까지
> 한 문화를 광기로 몰아넣은
> 그 모든 범죄를 파헤치고,
> 린츠에서 무슨 일이 일어났으며,
> 어떤 거대한 성충이 정신병을 앓는 신으로
> 변신했는지 알아낼 수 있지.
> 나와 대중은 알지,
> 학생들이 무엇을 배우는지.

사악함을 겪은 자들이 거꾸로

사악함을 행한다는 걸 알지.

이 시에는 제3제국의 본질에 관한 결정적인 통찰이 압축되어 있다. 그런데 다른 것에는 그토록 성실했던 역사가 커쇼의 2권짜리 저서에서는 이런 통찰의 흔적조차 찾아볼 수가 없다.

우리가 어린 시절에 세운 사고의 장벽을 몸에 지니고 있다는 것은 정신분석학적 해석이 아니라 낱낱의 개별적인 사례를 통해서 확인된 사실이다. 물론 실상을 왜곡하는 가치판단들이 쉽게 개입한다는 점 때문에 그것을 검증하기가 한층 더 어려운 것은 사실이다. 범법자들은 어려서 굴욕과 학대를 당하거나, 보살핌을 받지 못하는 환경에서 성장했다. 그러나 이런 사실을 인정할 수 있는 사람은 소수에 지나지 않는다. 대다수 범법자들은 그런 사실을 알지도 못한다. 이렇게 과거를 부정하기 때문에 통계적인 검증이 어렵다. 게다가 사람들이 어린 시절이라는 문제에 대해 귀를 막고 눈을 감고 있는 한, 검증이 돼도 예방에는 전혀 영향을 주지 못한다.

이미 과학적 통계적으로 입증된 사례도 많다. 매를 대고 벌을 주면, 어린이들은 단기적으로는 복종하는 듯하지만, 장기적으로는 더 공격적이고 파괴적이 된다는 사실도 이미 입증된 것이다. 그런데 심리학자들이 통계학의 도움을 받아 어렵게 작업하여 증명을 해도 여론은 거의 관심이 없는 듯하다. 예를 들어보자. 2000년 5월 『월 스트리트 저널』에는 '손찌검의 복귀'라는 기사가 실렸다. 이 기사는 이른바 새로운 조사결과를 보도하면서, 오늘날 젊은 부부들이 아이들을 더 많이 때린다고 했다. 직접 체벌을 받은 적이 없는 부부도 마찬가지라고 했다. 내 경험으로 볼 때, 이른 어린 시절에 매를 맞았을 경우에는 대부분 기억할 수가 없다. 그렇기 때문에 "나는 한 번도 맞아본 적이 없다"는 단언은 결코 믿을 만한 것이 못 된다. 뿐만 아니라 나는 수많은 추적조사를 통해, 직접 매를 맞아본 사람들만이 매를 들고 싶은 충동을 느낀다는 사실을 확인했다(물론 매를 맞은 사람 모두가 다 그렇다는 말은 아니다). 일단 체벌을 받은 적이 없는 사람들에게는 이런 문제가 없다. 아이들과 다른 문제를 겪을지는 몰라도 이런 문제는 없다. 체벌에 관한 기억이 몸에 저장되어 있지 않기 때문이다.

　과학은 어린이의 교육방식에 큰 영향을 끼치지 못한다. 대학에서 변화의 바람이 불어오지도 않을 것이다. 오히려 용기 있는 개인들, 곧 폭력 없는 교육이 법률적으로 뿌리내릴 수 있도록 하기 위해서 진력하는 변호사, 법관, 정치가, 간호사, 조산부, 계몽된 젊은 부모와 교사들이 이 변화를 가능하게 할 것이다. 미국 포경수술 정보교육센터(National Organization of Circumcision Information Resource Centers, 약칭 NOCIRC)의 공동 창설자이자 회장인 마릴린 F. 밀로스(Marilyn F. Milos) 여사의 제창으로, 이에 동의한 몇몇 간호사가 미국 산부인과 병원에서 신생아에게 무조건 포경수술을 하는 관행에 반대하는 운동을 펼치기 시작했다. 그들은 이 무자비한 수술에 협력하기를 거절했고, 지금까지 무비판적으로 권위 있는 사람들의 지시에 따르기만 했다는 사실을 뒤늦게 깨달은 시민들의 지지를 얻기 시작했다. 이윽고 의료보험의 지원을 받아 관행처럼 하던 포경수술도 반드시 부모의 동의를 얻게 됐다.

왜 남성 의사들은 신생아에게 불필요한 고통을 안겨주는 일을 거부하지 않았을까? 왜 그들은 그렇게 오랫동안 자기들이 무방비 상태에 있는 아이들을 학대했다는 사실을 깨닫지 못했을까? 나는 그들 자신이 신생아 때 그와 같은 학대의 희생자였고, 포경수술은 고통스럽지도 해롭지도 않다는 메시지를 내면화했기 때문이라고 생각한다. 한때 간호사였던 마릴린 밀로스 덕분에 이제는 그런 간섭들이 어린 아이에게 육체적 정신적인 고통을 안겨준다는 것을 아는 사람이 많아졌다. 그걸 몰랐던 사람들은 불과 얼마 전까지만 해도 신생아들에게 마취도 하지 않은 상태에서 수술을 했다. 여기서 문제는 동정심이 없다는 것만이 아니다. 사고의 폐쇄도 그에 못지않게 문제가 된다. 어른은 꼭 마취를 해야 하지만, 지극히 민감한 신생아들은 마취를 하지 않아도 된다는 생각에 대해서는 더 설명할 필요를 느끼지 않는다. 바로 그런 야만적인 개입을 통해 사고의 마비가 예비 입력된다. 포경수술이라는 파괴적인 관습에 종지부를 찍은 당사자가 남성 의사들이 아니라 간호사, 곧 이러한 관습의 피해자가 아닌 여성들이었던 것은 그 때문이다.

독일에서는 이제 체벌금지가 법률로 명문화되어 있다. 이 또한 우리의 관계를 인간화하고, 사고의 폐쇄를 극복하는 데 결정적인 조치다. 우리는 그런 조치를 취한 법률가들과 정치가들에게 특히 감사를 드린다. 이런 점에서 볼 때 (남녀를 불문하고) 심리요법 전문가들과 심리학자들의 적극성은 오히려 줄어들었다. 어린 시절에 입은 정신적 외상의 결과를 매일 눈앞에 보면서도 말이다, 심지어 20년 전에 스웨덴의 치료 전문가들은 이와 비슷한 법률안을 반대하기까지 했다. 그들은 체벌금지가 부모의 분노를 자극하여 어린이들에게 짐이 될 수도 있다고 염려했다. 내가 『천재가 될 수밖에 없었던 아이들의 드라마』에서 제시했던 것처럼, 심리학자의 경력은 벌써 어린 시절에, 부모를 이해하려 하고 부모에 대해 판단하지 않으려고 무진 애를 쓰면서 시작된다. 곧 악을 그 자체로 인식하지 않으려 하고, 지혜의 나무에서 사과를 따먹지 않으려고 필사적으로 노력하면서 시작된다. 절망적인 상황은 꼭 그 흔적을 남기기 마련인데, 그것은 체벌금지에 대한 태도에서도 드러난다.

판단하는 대신 이해하려고 하는 어린이의 관심은 종종 훗날 직업 선택의 동기로 작용한다. 그렇다고 해서 심리학과 정신분석학에 관계된 직업에 종사하면서 어린이의 불안에 사로잡혀서는 안된다. 어른인 우리는 판단을 내리는, 곧 악을 악이라고 부르고 악을 용서하지 않겠다는 용기를 발휘해야 한다.

우리의 마음은 점점 바뀔 것이다. 지금부터라도 매를 맞지 않으면, 20년 뒤 아이들의 생각과 감정은 오늘날 우리 대부분의 생각이나 감정과는 달라질 것이다. 나는 그렇게 되리라고 믿는다. 그들은 자기 아이들의 고통에 대해 귀를 열고 눈을 뜨고 있을 것이다. 이는 통계적인 연구보다 더 많은 것을 변화시키고 성취할 수 있을 것이다. 나의 낙관은, 새로운 입법과 부모들에 대한 계몽을 통해서 어린 시절의 폭력을 예방하고 방지할 수 있다는 생각에 바탕을 두고 있다(예를 들면 체벌 없는 육아 협회의 활동이 그렇다. 전자우편 주소는 ashley@eaznet.com 이다).

어떻게 하면 이미 정신적으로 상처를 입은 사람들을 도울 수 있을까? 그들 모두 장기적으로 심리요법을 받아야 하는가? 심리요법 기간은 그 질과는 전혀 관계가 없다. 나는 정신분석 치료를 받으며 수십 년을 보내고도 어린 시절에 실제로 일어났던 일에 대한 이야기를 들어보지 못한 사람들을 알고 있다. 정신분석가들이 이 영역으로 들어가 자신의 어린 시절을 들추어내는 것을 두려워하기 때문이다. 몇 년 전부터 심리요법에, 이를테면 프랜신 샤피로(Francine Shapiro)가 개발한 '안구운동 민감 소실 및 재처리 요법' 같은 새로운 경향이 나타나 정신적 외상 치료에 효과를 거두고 있다. 그것이 치료에 효과를 거두는 이유를 이해하기에는 내 식견이 너무 짧다. 그러나 치료 전문가가 환자들의 증상을 보고 정신적 외상을 동반한 체험에 관심을 갖게 된 것이 어떤 치료 과정을 작동시켰으리라고 짐작은 할 수 있다. 그 치료에는 육체의 언어가 중요한 위치를 차지했을 것이다. 환상의 해석에만 만족하는 고전적인 정신분석에서는 이러한 치료 과정에 주의를 기울이지 않는다. 나 또한 세 번이나 이런 유의 정신분석을 받았다. 정신분석가들 모두 충분한 의지를 보여주었지만, 나의 이른 어린 시절의 진실을 파헤치는 데는 모두 실패했다.

그 뒤에 초기 치료(Primärtherapie)도 받아보았지만 역시 찾지 못했다. 이른 어린 시절의 감정들과 마주치기는 했으나, 어린 시절 경험했던 현실 전체의 맥락을 파악하여 진실에 접근할 수는 없었다. 감정이입 능력을 갖춘 증인이 없었기 때문이다. 지금의 나라면, 충분하게 검증된 전문가가 곁에 없을 경우에는 경솔하게 그런 방법을 택해서는 안 된다고 충고할 것이다. 그러지 않으면 환자들이 혼돈에서 벗어나게 도와주지도 못하면서 당시의 강렬한 감정들을 일깨울 수가 있기 때문이다.

심리요법에서 어떤 것을 결정적인 요인으로 간주하느냐는 질문을 자주 받는다. 내가 이 책에서 보여주려고 애쓰듯이, 몸에 저장된 진실을 감성적·인지적으로 깨닫는 것, 즉 침묵의 계명과 부모를 이상화하는 마음을 벗어던지는 것이 중요한지, 아니면 전문가 증인이 곁에 있는 것이 중요한지 묻는다. 이는 양자택일의 문제가 아니라고 생각한다. 둘 다 필요하다. 전문가 증인 없이는 이른 어린 시절의 진실을 감당할 수가 없다. 그러나 심리학을 공부하거나, 어떤 권위자에게서 기초적인 경험을 쌓은 뒤 그의 밑에 들어가 있는 사람들을 모두 전문가 증인이라고 보지는 않는다. 내가 보기에는, 자기 자신의 이야기와 대면할 용기가 있고, 그와 동시에 자율성을 발휘하고, 억눌러온 자신의 무력함을 환자들에 대한 권력행사를 통해 보상받지 않아도 되는 치료 전문가들이 오히려 전문가 증인이다.

제1부 2장, '어린 시절의 진실을 외면하는 심리치료의 한계'에서 정신과 의사 A의 예를 들어, 다른 심리요법적인 발상을 통해서 그에게 좀더 많은 도움을 줄 수 있는 방법을 설명했다. 이론적으로 말해 그에게 중요한 것은 어린 시절의 현실이 어디에 그 흔적을 드러내는가를 항상 지켜보고, 이를 좀더 분명하게 파악하고, 맹목적으로 대응하지 말아야 한다는 것이다. 그에겐 도움이 필요하다. 어른으로서 현재의 상황을 감정적으로 극복하고, 동시에 과

거에 고통을 겪어 그것을 알고 있는 아이와 밀접하게 접촉하기 위해서 그렇다. 그런 도움이 있어야 그토록 오랜 세월 감히 귀담아들을 생각을 하지 못하던 그 아이의 소리에, 이제는 동반자와 함께 귀를 기울일 수 있다.

몸은 자기에게 일어났던 일을 하나도 빠짐없이 기억하지만, 말로 표현하지 못할 뿐이다. 몸은 과거 우리의 모습이었던 아이, 곧 모든 것을 다 보고 있지만 무력해서 어른의 도움 없이는 아무것도 할 수 없는 아이와 같다. 그래서 과거의 감정들이 솟아 올라올 때면 타인의 손에 맡겨진 아이가 느끼는 불안감이 함께 따라온다. 아이는 어른들이 이해해주거나, 최소한 마음을 다독거려주기를 바란다. 과거 자신에게 어떤 일이 일어났는지 몰라서 아이를 이해하지 못하는 부모는 당황스럽다. 그런 부모도 아이를 안심시킬 수는 있다. 보살피고, 안정감을 주고, 밀접한 유대감을 느끼게 하면 아이의(그리고 자신의) 불안감을 누그러뜨릴 수 있다. 우리의 인식체계도 육체와 대화하며 그와 똑같이 할 수가 있다.

인식체계는 육체와 반대로 과거의 사건을 기억하지 못한다. 의식적인 기억들은 단편적이고 신뢰할 수가 없다. 그 대신 인식체계는 포괄적인 지식, 발달된 지성, 어린이는 아직 갖지 못한 삶의 경험을 다스린다. 어른은 더 이상 무력하지 않기 때문에, 자기 내면의 아이(즉 육체)를 보호하고, 아이의 말에 귀를 활짝 열 수 있다. 이에 힘입어 내면의 아이는 나름의 방식으로 자신을 표현하고, 이야기를 할 수가 있다. 그 이야기는 곧 어른에게 떠오르는, 이해하기 어려운 불안감과 감정들에 의미를 부여한다. 그것들은 마침내 연관관계 속에 놓이고, 더 이상 위협적이지 않게 된다.

이와 같은 심리요법적인 개념의 단초들은 자기치료를 위한 진단의 형태로 벌써 수년 전부터 있었다. 나 또한 전에는 자기치료를 옹호했지만, 지금은 조건부로 찬성한다. 왜냐하면 이런 치료에는 반드시 전문가 증인이 동반해야 하기 때문이다.

안타깝게도 대부분의 치료 전문가들은 전문가 증인을 동반하지 않고 교육을 받았다. 치료 전문가들의 마음속에는, 자기가 어려서 겪은 고통을 가감 없이 바라보려고 노력하는 것이 부모에게 상처를 줄지도 모른다는 불안감이 다양한 형태로 존재한다. 나는 그런 사실을 아주 잘 알고 있다. 또 그것이 실제로 고통을 겪고 있는 환자를 돕지 못하게 한다는 것도 잘 알고 있다. 하지만 그럴수록 우리는 그 점에 대해서 더 많이 글을 쓰고 이야기를 나누어야 한다. 그래야 그만큼 더 빨리 이런 상황을 변화시키고 불안감을 누그러뜨릴 수가 있다.

어린이의 고통에 대해 열린 마음을 가진 사회에서는 자기가 겪은 고통 때문에 혼자 전전긍긍할 필요가 없다. 치료 전문가들이 더 이상 프로이트의 '중립성'을 지키지 않겠다고 과감하게 선언하고, 무조건 환자의 마음속에 들어 있는 과거의 어린이 편이 되려는 경향이 점점 확산될 것이기 때문이다. 그렇게 되면 환자도 과거에 자기가 실제로 겪었던 이야기와 안전하게 대면할 수 있는 공간을 확보하게 될 것이다.

오늘날 우리에게는 고객들이 평생 동안 벗어나지 못할 비극적이고 잘못된 길에 빠지지 않게 할 수 있을 정도의 능력은 있다. 비록 정신분석가 군트립(Guntrip)은 그런 길을 헤매고 다녔지만 말이다(3부 2장 참고). 환자가 그 근원을 부정하지만 않으면, 몸에 저장된 어린 시절의 불안감들은 심리요법으로 해소할 수가 있다.

3

폭력과 체벌의 대물림을 막기 위하여

모든 폭력과 체벌은, 그것이 설령 사랑의 이름으로 가해지더라도, 건설적이 아니라 파괴적이다.
우리는 우리 아이들과 그 아이들의 아이들이

불필요한 고통과 악을 겪지 않게 도울 수 있다. 비록 우리 조상들은 그걸 겪으며 자랐지만 말이다.

나는 다가오는 세대들이 그렇게 살 수 있게 할 책임이 우리에게 있다고 생각한다.

▌지금까지 어린 시절이 우리 사회에
서는 여전히 금기의 대상이라는 것과, 사정이 그렇게 된 까닭을
설명했다.

　이제는 "넌 몰라도 돼"라는 계명에서 벗어나기 위해서 개인들
이 각자 무엇을 할 수 있으며, '과거의 현실'을 깨닫고 "내 아이들
에게는 그렇게 하지 않겠다"는 결단을 내리려면 어떻게 하는 것이
좋은가에 대해 이야기할 생각이다. 나는 이렇게 용기 있는 발걸음
을 내디딘 사람들을 알고 있다. 그들의 연령층은 다양하다. 다음
장에서는 그들이 각성하는 과정에 대해 기술하려고 한다.

　먼저 부모가 되기 이전에, 새로 얻은 인식에 힘입어 어린 아이
의 민감성에 대한 감정이입 능력을 되찾은 청소년들을 이야기할
것이다. 그 다음에는 자기 아이들에게 모유를 먹이면서, 그 육체
적인 친근감에 힘입어 자기들이 어린 시절에 겪었던 학대의 흔적
을 깨닫고자 과감하게 노력하는 젊은 어머니들에 대해 이야기할

것이다. 노력한 보람이 있어 그들은 맹목적으로 아이들에게 감정을 퍼붓는 행동을 자제할 수 있었다. 과거부터 억눌러온 감정이, 첫 아이를 출산한 뒤에 다시 나타나는 문제는 제3부 제2장의 해리 군트립에 대한 이야기에서도 나타난다.

마지막으로 이미 세상을 떠난 한 여성의 이야기를 하려고 한다. 그녀는 매사를 빈틈없이 처리하고, 평생 동안 자신의 감정과 인지를 억누르며 살았다. 어려서부터 감정과 인지를 무시하고, 철저하게 순종하는 교육을 받았기 때문이다. 이렇게 억지로 적응하던 습관이 훗날 그녀의 인격으로 고착돼 고통스러운 관계 속에 있을 때에도 늘 이를 참고 견디게 만들었다. 위중한 병을 얻은 뒤에 비로소 그것이 이른 어린 시절에 형성된 복종 전략이었음을 깨닫고 이를 버릴 수 있었다. 나아가 자신의 욕구를 발견하였으며, 자기는 항상 소망을 이룰 수 없는 곳에서 그 욕구를 충족하려고 발버둥쳤다는 사실을 깨달았다. 그녀는 소망을 충족시킬 가능성이 사실상 차단되어 있던 어린 시절의 고통스러운 상황을 수십 년 동안이나 재생시켜왔다. 그러나 병을 얻고, 전문가 증인의 도움을 받기가 무섭게 어린 시절의 고통이 현재의 고통이 될 필요가 없으며, 자기 자신이 더 이상 무력한 존재가 아니라는 사실을 인식했다.

어린 시절 그녀의 모든 것은 부모에게 달려 있었다. 그러나 어른이 된 지금은 자기와 대화를 나누고 싶어 하는 사람들과 왕래할 수가 있다. 그리고 그런 대화를 원하지 않는 사람에게 자신의 무의식적인 욕구를 더 이상 강요할 필요도 없어졌다.

이 여인이 심리요법을 받지 않았다면 자신을 되찾을 수 있었을까? 쉽게 대답하기 어려운 질문이다. 심리요법을 받지 않고도 어린 시절의 정신적 그늘과 그 파괴적인 관계를 극복한 사람도 있다. 마찬가지로 심리요법을 받고도, 어린 시절에 기원을 두고 있는 그 적응의 뿌리에 도달하지 못해 치료에 실패한 사람들도 있다.

어떤 위험을 감수할 수 있는지, 또 감수하고자 하는지는 스스로 결정할 일이다. 또 이렇게 과거를 파헤치는 일이 자기에게 얼마나 의미가 있는지는 자기 자신이 가장 잘 안다.

8장

학대받은 어린 시절의 상처 극복하기

장기적으로 볼 때 매는 어린이에게 부정적인 결과만을 초래한다는 사실을 깨달은 나는 이 정보를 젊은 부모들에게 전달하려고 적극적으로 노력했다. 논문과 인터뷰, 강연이나 소책자들을 이용하고 가끔은 상급반 학생들과 대화를 나누기도 했다. 이들이 결혼하여 아이를 갖기 전에 이와 같은 중요한 지식을 전해주고 싶어서다. 이렇게 노력을 기울이다 보면, 한편으로는 사람들이 이런 주제를 다루는 것 자체에 커다란 반감을 가지고 있다는 걸 느낀다. 그런데 다른 한편으로는 거의 모든 사람에게 오래전부터 누가 만져주고 인정해주었으면 하는 상처가 있는데, 내가 그것을 만져준다는 느낌을 받기도 한다. 상처는 인정받지 못하는 한 아물지 않기 때문이다.

학생들을 만나면 처음에는 내 말을 도대체 이해하지 못한다는 인상을 받는다. 그들은 나를 마치 낯선 행성에서 온 사람처럼 쳐다본다. 그러다가 대화가 진전되면, "선생님이 지금 하는 얘기는 한 번도 들어본 적이 없는데요" 하는 반응이 나온다. 그러면 내가 대답한다. "맞아요. 우리 나이에 이런 말을 하는 사람은 없을 거예요." "선생님 연배만 그런 게 아니에요. 어딜 가든 매를 들지 않으면 아이를 키울 수가 없다는 말을 들어요. 히피나 68세대 부모들처럼, 아이들을 때려서 키우려고 하지 않았던 정신 나간 사람들이 한때 있었지요. 하지만 그 사람들은 아이들을 방치한 채 교육을 하지 않았어요. 이제 어른이 된 그 아이들은 제 입으로 규율과 원칙, 방향 감각이 없다고 하소연해요. 요즘 사람들은 부모들에게 엄격한 교육을 받지 못한 어린이들이 어떻게 성장했는지 보고 있어요. 제멋대로 굴고, 청소년들이 무기를 가지고 놀다 심지어 학교 친구를 죽이기도 해요. 미국뿐만이 아니라, 우리나라에서도 그런 일이 일어나요."

이런 식으로 자기 의견을 표현하는 청소년들은 부모와 똑같은 생각을 갖고 있다. 하지만 감정적으로나 지적으로 저항과 호기심의 시기인 사춘기에 있기 때문에, 그들의 견해가 굳어버린 것은 아니다. 그래서인지 내 이야기가 그들의 마음을 움직이는 것을 자주 본다. 모두 그런 것은 아니지만 많은 학생이 종당에는 학교 친구를 육체적으로 괴롭히거나 심지어 살해한 청소년들은 어린 시절에 사랑을 너무 많이 받은 탓에 버릇이 잘못 들어서가 아니라, 보살핌 대신 학대를 받고 자라면서도 그에 대응할 수가 없었기 때문에 이런 범죄에 빠졌다는 사실을 납득하게 된다. 억눌렀던 분노가 그들 안에서 마치 시한폭탄처럼 작동하고 있다가 파괴적인 증오로 폭발한 것이라는 사실을 받아들인다. 그런 이야기를 하면서 학생들을 보면, 내가 무슨 말을 하는지 정확하게 알고 있다는 표정이 역력하다. 그들의 육체가 이러한 지식과 아주 가까운 거리에 있기 때문이다. 그들은 어른들처럼, "매를 맞긴 했지만 나는 이렇게 크고 힘 있는 사람이 되었어요. 사실상 그건 아버지 어머니의 매 덕분이에요." 하고 주장하지도 않는다. 청소년들이라 아직 그 정도까지 사고가 경직되지는 않았다. 또 매를 맞은 기억도 50년, 60년 전이 아니라 채 10년이 되지 않는다.

양친이 다 교사인, 17살 정도 된 한 고등학생은 이런 말을 했다. "우리 부모님은 날 사랑해요. 지금까지 무엇 하나 허투루 처리한 적이 없었고요. 처음에는 날 때리지 않았어요. 하지만 나중에는 부모님도 어쩔 도리가 없었어요. 제가 어린 시절에 워낙 말썽쟁이였거든요. 늘 어리석은 짓을 저질렀거든요." 아주 영리해 보였지만, 무척 불안하고 신경이 매우 예민해 보이는 학생이었다. 나는 그에게 어떤 말썽을 피웠는지 예를 들어보라고 했다. "이를테면 열 살 때, 집에서 도망친 적이 있어요. 어머니는 날 찾느라 다섯 시간을 허비했고요. 물론 나중에 실컷 두들겨 맞았어요. 하지만 당연히 받을 벌을 받은 거지요. 그 뒤론 한 번도 집을 나가지 않았어요. 그 대신 다른 말썽을 피웠어요. 안 그러려고 해도 어쩔 수가 없었어요. 아마도 난 그렇게 태어났던 것 같아요."

"왜 그런 짓을 했는지 스스로에게 물어본 적이 있나요? 무슨 일 때문에 어머니가 다섯 시간 동안이나 학생을 찾아다니게 했나요? 그저 어머니에게 골탕을 먹이기 위해서였나요? 열 살짜리 소년의 마음으로 돌아가 감정이입을 해보세요."

그 학생은 내 얼굴을 쳐다보지 않았다. 하지만 나는 그의 얼굴이 변하는 것이 보였다. 얼굴에 드리워 있던 오만함이 사라졌다. 잠시 후에 그가 입을 열었다. "부모님이 날 때렸을 때가 기억나요. 그렇게 필사적으로 나를 찾아다닌 것은 사랑하기 때문이라고 생각했어요. 부모님의 분노가 그 사랑의 증거라고요."

"부모님의 사랑을 시험해보려고 도망을 친 거라면, 그건 말썽을 피운 것이라고 할 수 없어요. 어쩌면 다른 이유가 있을 거예요."

"예, 달리 보일 수도 있을 거예요. 나는 항상 부모님에게 짐만 되니 내가 없으면 부모님이 기뻐할지도 모른다는 생각도 했어요. 하지만 부모님의 분노를 보고 그렇지 않다는 것을 알았어요."

"그렇다면 열 살짜리 아이치고는 분명한 목표를 가지고 영리하게 행동한 거예요. 그런데 왜 그것을 말썽이라고 하나요?"

"모르겠어요. 나는 항상 내가 끊임없이 말썽을 부리는 못된 아이라고 생각했어요."

어린 시절 내내 "나는 나쁜 아이야, 나는 멍청해, 못 봐줄 녀석이야, 귀찮은 아이야." 같은 꼬리표를 달고 다니는 아이들이 있다. 주위 사람들도 그렇게 생각하는 것 같을 때는 결코 그 꼬리표를 떼어내지 못한다. 이런 꼬리표를 붙여주는 사람은 부모다. 아이가 귀찮게 하는 정도에 따라 꼬리표가 정해진다. 부모는 자신들이 입었던 정신적 외상에 대한 기억을 불러일으키는 행동을 보면 참지 못한다. 그렇다고 아이를 부모가 붙여주는 꼬리표의 포로로 만들어서는 안 된다. 아이를 도와주는 교사가 이런 사실을 짚어주기만

하면 이는 해결될 수 있다. 학급에서 학생들과 이야기를 나눠본 경험에 따르면, 그리 어려운 문제가 아니다. 그런데도 일이 해결되는 경우는 매우 드물다.

계몽활동을 하다보면, 레체 리그(Leche Ligue)[10] 회원 여성들과 만날 기회가 있다. 미국에서 시작된 이 운동은 유럽에 상당히 널리 퍼져 있다. 이 여성들은 모유를 먹이는 것이 아이의 성장에 매우 중요하다고 믿기 때문에 될 수 있는 한 오래 모유를 먹이려고 한다. 생후 1년간만 놓고 본다면, 나도 그 생각에 전적으로 동의한다. 원래 나는 젊은 어머니들에게 어린 아이를 '손바닥으로 때려가며' 키우는 것은 좋지 않다는 정보만 전할 생각이었고, 또 모유를 먹여 아이와 강한 일체감을 느끼는 어머니라면 손바닥으로 아이를 때리는 일은 엄두도 내지 못할 거라고 굳게 믿었다. 그런데 내가 잘못 생각하고 있었음이 곧 드러났다. 거의 모든 여성이 아이를 때리고 싶다는 충동을 늘 느낀다고 했다. 아이가 우는 것을 참다 너무 힘이 들거나, 우는 이유를 알 수가 없거나, 가사 · 직장생활 · 어머니 역할 등으로 지나치게 피로하거나 부담이 너무 커서 절망감이 치솟을 때 그런 충동을 느낀다고 했다. 아이를 때리고 싶은 충동이 불행했던 자신의 어린 시절에서 비롯된다는 사실을 깨달은 여성은 한 사람도 없었다. 어떤 여성들은 그 충동을 이겨내려고 필사적으로 노력하고, 다른 여성들은 충동에 그대로

---

10) 모유 먹이기 운동.: 역주

따르면서, 그것을 바람직한 행동으로 여기고 있었다. 친정어머니에게서 아이를 때려 키우라는 재촉을 받은 여성의 경우는 특히 더 그랬다.

나는 이 모유 먹이기 운동 집단 가운데 한 집단을 넉 달 정도 간격을 두고 세 차례 방문했다. 처음에는 내가 만든 소책자를 나누어주었다. '손바닥으로 때리기'가 젖먹이와 어린이들에게 끼치는 치명적인 결과를 설명한 책자였다. 그리고 젖먹이를 데리고 온 젊은 어머니들에게 아이를 손바닥으로 때린 적이 있느냐고 물었다. 한 어머니는 하면 안 될 행동을 가르치려고 아이를 손바닥으로 때린다고 했다. 물론 필요한 경우에만 감정을 배제한 상태에서 때린다고 했다. 한 어머니는 가끔 손이 나가기는 하지만, 자주 있는 일은 아니라고 대답했다. 셋째 어머니는 이의를 제기했다. 열 달 된 아이가 비스킷을 방바닥에 놓고 부스러뜨리는데 그런 짓을 하면 안 된다는 것 정도는 가르쳐야 하지 않겠느냐는 말이었다. 그런데 손바닥으로 때려도 소용이 없었고, 친정어머니는 엄하게 대하지 않아서 아이가 그런 짓을 한다고 그녀를 나무란다는 것이었다. 나는 그녀에게 좋은 버릇을 가르치기 위해서 아이를 때리고 싶냐고 물었다. 그러자 그녀는 갑자기 울음을 터뜨리며 말했다. "아니, 항상 그 애에게 미안해요. 하지만 아이를 올바르게 키워야 하니까요. 우리 가족 모두 내가 아이를 버릇없이 키우고, 폭군으로 교육한다고 말해요. 그런데 내가 뭘 어떻게 할 수 있겠어요?" 난 그녀에게 어렸을 때 매를 맞았느냐고 물었다. 그녀는 대답했다. "물론이에요. 매를 어떻게 잊을 수 있겠어요."

감정을 배제한 상태에서 아이에게 규율을 가르친다는 어머니에게 같은 질문을 던졌다. 그녀는 아버지와 어머니에게 허리띠와 옷걸이로 맞았다고 대답했다. 그때마다 그녀의 부모는 격한 분노를 드러냈다고 했다. 그래서 자기는 부모와 달리, 흥분하지 않고 아이를 때린다고 했다. 아이를 사랑하기 때문에, 자기의 화난 모습을 보고 아이가 마음고생하는 것을 원치 않기 때문에 그렇게 하는데 아이가 불안감을 보이면서 자기한테 매달리는 까닭을 모르겠다고 했다. 나는 그녀에게 아이가 다음에 또 매를 맞을까봐 두려워할 수 있다고 생각하느냐고 물었다. 그녀는 그걸 이해하기에는 아이가 아직 어리다고 대답했다. 아이가 불안감을 느끼기에는 너무 어리지만, 매를 써서 가르치려는 교육의 목표를 이해할 만큼은 이성을 갖추었다고 아주 진지하게 믿고 있었다. 불안감을 통해서 아이가 배울 것은 불안감을 느끼는 것밖에 없다는 사실을 그녀는 인식하지 못하고 있었다.

몇 달 뒤 이 어머니들을 다시 만났을 때, 나는 그 여성들에게서 나타나기 시작한 변화에 놀랐다. 그들은 아이들이 더 이상 자기들이 가르쳐야 할 대상이 아니라는 사실을 깨닫기 시작했다. 아이들은 눈과 울음과 행동을 통해서 의사를 전달하는 인간이 되어 있었고, 어머니들은 그 의사를 이해하려고 안테나를 곤두세우고 있었다. 아마도 모유를 먹이면서 형성된 친밀감이, 그들로 하여금 내 질문이 던진 제안을 받아들이고, 동시에 그들 자신의 과거 앞에 마주 서게 했을 것이다. 아이와 가깝게 지내다 보면 혼자라는 느낌이 덜 들기 때문이다. 한편으로는 바로 이 가까움이 자신에게조차 그토록 깊이 숨겨야 했던 어린 시절의 욕구가 밖으로 솟아오를 수 있게 해주었다. 그들의 육체는 여전히 과거에 겪었던 분노, 그들을 향해 세워져 있던 무시와 냉대의 벽을 생생하게 기억하고 있었다.

예를 들어 한 젊은 여성은, 두 살 때 어머니가 자기를 물어뜯어 피가 난 적이 있다는 이야기를 지금에서야 언니한데 들었다고 했다. 아버지와 어머니 모두 폭력으로 다스렸던 가족에게서 그런 일이 일어났던 것이다. 매우 지적으로 보이는 그 여성은 처음에 만났을 때는 우리의 주제에 아무런 관심도 보이지 않았고 부정적인 전례를 되풀이하지 않게 도와준다는 신경언어 프로그램 치료[11]를 받고 있다고 했다. 그런데 나와 두 번째 만났을 때 벌써 그녀는 울며 자신의 고통을 이야기했다. 자기에게 그런 경험을 안겨준 어머니와 다른 어머니가 되려고 애를 쓰고 있다고 했다. 폭력의 전통에서 벗어나려는 용기가 놀라웠다. 몇 달 뒤 세 번째 만남에서 그녀는 어머니가 두 살배기인 자기를 어떻게 깨물었는지 이야기했다. 그때 다른 여성들이 동시에 울음을 터뜨렸다. 이야기를 들으면서 자신들의 기억이 되살아나 도저히 참을 수가 없었기 때문이다. 그들은 어머니가 그토록 잔인했는데도, 그런 어머니를 사랑할 수 있다는 사실이 의아하다고 했다. 또 지금까지는 몰랐는데 자기들에게도 그와 같은 난폭한 성향이 있다는 사실에 놀람을 금치 못했다. 그들에게 그런 성향이 있었기 때문에 어머니의 무지에

---

11) NLP-Therapie : NLP는 Neuro-Linguistic Programming의 약자.: 역주

너그러울 수가 있었던 것이다. 이 여성들은 집단적인 대화를 통해 (유전과는 무관한) 이러한 성향들을 좀더 효과적으로 제어할 수 있게 되었다고 말했다. 자신의 폭력적인 성향이 어디에서 비롯하는 것인지 분명히 알고, 더 이상 그런 성향 앞에 속수무책으로 내던져진 상태가 아니라고 느꼈기 때문이다.

신학자 리타 바세(Lytta Basset)는 『최초의 용서 *Le pardon originel*』에서, 인간은 다른 사람들에게 받은 행위를 되풀이하도록 저주를 받았기 때문에 악을 근절할 수 없다고 했다. 그러므로 가능한 한 자유로워지려면 악을 인정하고 타인과 우리를 용서하는 것 이외에는 다른 방법이 없다고 하였다. 실제로 용서를 하려면, 원래 사람들이 우리에게 가한 행위가 무엇이었는가를 반드시 알아야 한다는 점에서 그녀의 의견은 나와 일치한다. 그런데 나는 용서에 중점을 두는 것이 아니라, 이른 어린 시절을 진지하게 받아들이고 부정하지 않을 수 있다는 가능성에 중점을 둔다.

치료 전문가로서 나는, 누군가 믿고 도와줄 수 있는 사람이 있으면 과거의 본보기와 인연을 끊을 수 있다는 걸 안다. 설교를 하는 것이 아니라 진실과 더불어 살 수 있도록 도우려는 의지가 있는 사람 말이다. 나의 경험도 그렇지만 환자들의 경험은 악에서 벗어날 수 있는 전혀 다른 수단이 있음을 보여주었다. 지금까지 신학자들이 꿈꾸던 것보다 더 많은 수단이 말이다.

나이든 부모를 (도덕적으로 강요를 받아서가 아니라) 진심으로 용서하려면 전제가 필요하다. 부모가 안겨준 고통을 느끼고, 이를 진지하게 받아들이고, 우리가 경험한 잔혹함의 정도를 여러 번 되풀이하여 파악해야 한다. 성인 여성은, 친절한 남자도 어린 시절에 학대를 경험했다면 난폭해질 수 있다는 점을 상상할 수 있다. 여기서 언급한 여성들처럼, 자신의 어린 아이와 똑같은 것을 경험하고 있고 스스로에게 솔직한 사람은 그것을 아주 생생하게 상상할 수 있다. 그렇게 시간이 흐르면서 용서가 가능해진다. 하지만 젊은 어머니들을 해방시키는 것은 용서가 아니다. 그들을 과거에서 해방시켜주는 것은 자신의 과거를 알고 있는 사람이 자기 혼자가 아니며, 진실을 부인해서는 안 되고, 악을 악이라고 인식해도 괜찮다는 사실이다.

레체 리그 회원들은 두 살 때 어머니에게 학대를 받았다는 여성에게 직접적이면서도 솔직한 공감을 보여주었다. 그 공감에 힘입어 이 여성은 부모에게 반항을 하면서도, 처음으로 당당한 느낌을 느꼈다. 훗날 그녀는 자기 아이들에 대해서 전혀 다른 생각을 갖게 되었다고 말했다. 자기에게 폭군행세를 하려는 생각밖에 없는 존재가 아니라, 자기가 책임지고 보살펴주어야 하는 무력한 인간으로 여기게 되었다. 그녀가 그렇게 할 수 있었던 것은, 자기 자신이었던 과거의 그 아이가 이제 자라기 시작했기 때문이다. 지금까지 그 아이는 부모의 폭력이 두려워, 마치 감옥에 갇힌 듯 그녀 속에 유폐되어 있었다.

우리 가운데 많은 사람은 이른바 이 내면의 아이를, 항상 불안감에 떨며 자기를 해방시켜줄 깨달음과 단절되어 사는 범죄자로 취급한다. 언젠가 그 족쇄를 풀어 던질 수 있고, 자기가 목격하고 있는 것의 본질을 간파하게 되면, 그 아이는 감옥을 떠날 수 있을 것이다. 음모를 간파했기 때문에 아이는 더 이상 불안감을 느끼지 않을 것이다. 또 불안감을 의식하지도 않을 것이다. 자기가 보고 있는 것에 대해 입을 다물 필요가 없기 때문이다. 요컨대 그 상황에 대해 입을 열어도 괜찮기 때문이다. 게다가 그것을 혼자만 보는 것이 아니라 전문가 증인이 확인해주기 때문이다. 다시 말해서 부모가 거절했던 것을 얻을 수 있기 때문이다. 그것은 바로 자기가 깨닫고 느낀 것이 옳다는 것이 입증되었다는 뜻이다. 다시 말하면 자기가 깨닫고 느낀 것이 잔인함과 음모였다는 것, 거기에서 억지로 사랑을 확인할 필요가 없다는 것, 정직하게 사랑을 하려면 반드시 이런 사정을 알아야 한다는 것, 지혜의 나무에서 사과를 따 먹어도 아무 문제가 없다는 것이 전문가 증인을 통해 입증됐다는 뜻이다.

젊은 어머니들은 생전 처음으로, 사랑과 보살핌을 받는 아이라면 당연히 느낄 수 있는 감정, 요컨대 자기 자신과의 일체감을 느끼게 되었다. 자신의 감각을 믿고, 더 이상 자신을 속일 필요가 없으며, 마침내 자신의 내면에서 편안함을 느낄 수 있게 되었다. 예전처럼 피해 다닐 필요 없이, 자신의 감정들을 인정할 수 있게 되었다. 그들은 그 감정들이 자신과 자신이 겪었던 이야기에 관한 것만 전해줄 것이고, 그 이야기를 통해 자기 자신에 대해 좀더 자세히 알게 되리라 믿었다.

『삶의 길』이라는 책의 '산드라'와 '아니카'라는 장에서 나는 성장한 딸들과 늙은 부모의 대화를 소개했다. 나는 그런 대화가 과연 딸들에게 치료 효과가 있겠냐는 질문을 여러 번 받았다. 그래서 좀더 자세하게 그 질문에 대해 이야기해볼 생각이다. 부모가 귀담아 듣고, 솔직하게 감정을 표현할 준비가 되어 있고, 또 그럴 능력이 있다면, 그런 대화는 양쪽 모두에게 치료 효과가 있다고 생각한다. 그런데 부모가 아이들에게 훈계만 하려고 들면, 사실상 대화는 이루어지지 않을 것이다. 내가 책에서 서술했던 두 가지 예에 나오는 딸들은 사전에 상당 기간 심리요법을 받았다. 심리요법 덕분에 그들은 적절하게 질문을 던져 도움이 되는 대답을 얻어낼 수 있었다. 부모가 거부할 때에도 부분적으로 대답을 얻어냈고, 동시에 자신들의 감정에도 주의를 기울였다. 이는 저절로 되는 일이 아니다.

두 딸은 대화를 방해할지도 모를 격한 감정을 터뜨리지 않고, 차분하게 이야기를 할 수 있었다. 치료하려는 자세로 임했다면 결코 그럴 수 없었을 것이다. 우리는 부모와 심리요법하듯 대화를 나눌 수가 없다. 그러면 대화에 성공하지 못한다. 부모에게 무엇인가를 요구하기 때문이다. 두 딸은 더 많은 정보를 찾으려고 하기 때문에 치료 전문가처럼 자유로울 수가 없다. 치료 전문가는 환자에게 종속되어 있지 않기 때문에, 환자의 감정과 욕구에 관심을 기울일 수가 있다. 이제는 어른이 된 산드라와 아니카는 부모와 솔직한 대화를 나누고 싶어 했다. 거기에 그들의 관심과 치료 전문가의 관심의 본질적인 차이가 있다.

그렇다면 예전처럼 부모의 몰이해에 부딪혔을 때, 두 딸이 분노에 휩쓸리지 않게 해준 것은 무엇이었을까? 그들은 모두 심리요법을 통해 격한 감정을 그 자체로 받아들이고, 그것을 진지하게 생각하고, 그것을 자신의 관심에 방해가 되지 않게끔 발산하는 방법을 배웠다. 이런 방법을 이용하여 감정을 통제했으며, 충동에 굴복하지 않았다. 여러 가지 감정을 느끼면서 어떤 감정을 누구에게 표현할지 결정할 수 있는 자유를 갖고 있었다. 만약 그들이 감정을 건드리지 않고 오로지 인지적 차원에만 머무는 심리요법을 받았다면, 아마도 부모를 대면했을 때 자제력을 잃거나, 마음의 문을 걸어 잠가 진실한 대화를 하지 못했을지도 모른다.

대화에 나서기 전에 부모도 심리요법을 받아야 하는가? 그것은 선택적이다. 자기 생각을 가진 다 자란 자녀들과 논쟁하는 일은 나이든 사람에게는 일종의 도전이며, 오랫동안 억눌러온 경험과 대면해야 하는 일이기 때문이다. 자기 부모에게 받았던 마음의 상처에 대한 책임을 아이들에게 떠넘길 수 없다는 것을 느끼면, 부모는 매우 어려운 처지에 빠지게 될 것이다. 억눌러왔던 어린 시절의 감정들이 치밀어 오를 수 있기 때문이다. 다른 사람(어느 연령이든 상관없다)과 함께 이런 감정을 처리할 기회를 주는 심리요법은 그들로 하여금 스스로를 이해하게 돕는다.

그러나 그런 대화를 위해서 반드시 심리요법을 받아야 하는 것은 아니다. 내가 보기에 중요한 것은 나이든 부모의 견해다. 부모는 심리요법을 받지 않고도 자녀들과의 대화를 통해 과거의 삶을 반성하고, 젊었을 때 자녀들에게 어떤 영향을 끼쳤는가를 생각해 보는 기회로 삼을 수도 있다. 그러기 위해서는 전제가 필요하다. 부모는 무심코 가졌던 생각, 곧 아이가 세상에 태어난 것은 자기들을 행복하게 해주거나, 조부모를 대신하기 위해서라는 생각을 버려야 한다. 나이든 사람들은 자기들이 무심결에 현실을 혼동했다는 사실을 깨달아야 한다.

현실을 혼동하기는 부모와 자녀 모두 마찬가지다. 다 자란 아이들도 어린 시절의 현실을 오늘의 현실과 혼동한다. 이는 자기 자녀들을 대하는 태도에서 드러난다. 또 그들과 나이든 부모의 관계에서도 드러난다. 나는 파트너도, 만족스러운 직업도 찾을 수 없었던 40세 여성을 알고 있다. 그녀는 이 두 가지에 대한 책임을 늘 자기 어머니에게 떠넘겼다. 또 자기가 어렸을 때 어머니가 충분히 돌보지 않아 근친상간을 당했다고 어머니를 비난했다. 자신도 근친상간의 희생자였던 어머니는 실제로 자기가 없는 동안에 집에서 무슨 일이 일어났는지 알지 못했다.

딸에게 그 이야기를 듣고, 억장이 무너진 어머니는 참회하는 일이라면 무엇이든 하고 싶었다. 자신의 실수에 대해 용서를 빌면서 딸이 온갖 비난을 퍼부어도 묵묵히 받아들였다. 심지어 자기와 아무 관계가 없는 일로 딸이 비난을 해도 참았다. 그런 일을 당하고도 사랑하는 아버지의 상을 포기할 수가 없었거나, 포기하고 싶지 않았던 딸은 어머니를 속죄양으로 삼았다. 그녀는 어린 아이처럼 대응했다. 어른으로서 자신의 감정과 행동을 책임질 생각은 하지 않고 어머니와 딸이라는 관계에만 사로잡혀 있었다.

한편으로 어머니도 어린 시절의 현실에 사로잡혀 있었다. 그녀는 어머니가 다음에는 어떤 벌을 줄지 두려워하며, 늘 자기 잘못을 고백할 준비를 하고 있었다. 이와 같은 상징적인 상황 속에서,

그녀에게는 딸이 엄한 벌을 주는 어머니, 고분고분하게 굴어 기분 좋게 해주고 싶고 용서를 구하고 싶은 어머니가 되었다. 사랑과 속죄를 애원하는 어머니의 모습은 딸에게 더 큰 무력감을 안겨주었다. 그런 애착관계에서 참된 사랑이 우러날 수 없었던 것은 당연했다. 오히려 그 두 사람의 자기기만을 자양분으로 삼아 유지되는 증오의 결합만 있을 뿐이었다. 딸은 어머니를 분노의 표적으로 이용하여 아버지를 피하려 했고, 어머니는 딸이 자기 어머니가 아니며, 자기 삶에 대한 권리는 자신에게 있고, 그 권리가 자신의 죄의식을 통해서 훼손되어서는 안 된다는 사실을 인정하려고 하지 않았다.

용기를 내 마음을 활짝 열고, 상대방의 이야기에 귀를 기울이고, 침묵이나 권력의 장벽 뒤에 숨으려고 하지 않는다면, 세대 간의 대화가 큰 도움을 줄 수 있을 것이다.

그러나 방금 언급한 어머니와 딸에게서 이런 일이 일어날 가능성은 극히 희박하다. 두 사람의 관계는 건설적이라기보다 파괴적이다. 딸은 항상 후회할 준비가 되어 있는 어머니의 마음을 악용하여 삶을 책임지려 하지 않는다. 어머니도 딸을 이용한다. 그녀는 딸을 자신의 어머니로 만들었다. 또 지나치게 부당한 일이 벌어질 때는 저항해야 하는데도 그럴 엄두를 내지 않는다. 그녀는 자신의 분노뿐 아니라 딸의 분노도 두려워한다. 언젠가 두 사람이 자신들의 감정을 인정하고 솔직하게 이야기를 나눈다면, 각자의 삶에 내재하는 이런 감정의 근원에 도달할지도 모른다. 솔직한 대화를 나눈다면, 두 사람 모두 정신적으로 성숙할 수 있을 것이고,

또 자기들의 불안감도 줄어들었음을 확인할 수 있을 것이다. 그와 동시에 본래 가지고 있던 능력, 곧 사랑하고 자유롭게 의견을 주고받는 능력도 되찾을 수 있을 것이다.

9장

교육과 심리치료에 대한 낡은 이론의 틀을 버리기

앞장에서 이야기한 젊은 어머니들은 진실하고 솔직한 태도로 어린 시절에 학대받았던 어머니들의 현실에 환한 빛을 비춰주었다. 내가 알기로 정신분석학은 내가 여러 책에서 반복해서 지적하는 이런 사실에 거의 관심을 두지 않는다. 학대와 관련된 감정들에 아주 훌륭하게 저항하다가, 첫 아이를 출산하면서 실패하는 사람이 많다. 무의식 상태로 있는 것을 의식 상태로 끌어낼 수 있도록 도와주는 사람이 아무도 없기 때문이다.

내가 알기로 정신분석학은 지금까지 이러한 현실에 접근할 엄두를 내지 못하고 있었다. 이 점에 대해 나는 『넌 몰라도 돼』에서 예를 들어서 증명한 바 있다.

정신분석학은 이제까지 계속해서 어머니를 이상화했고, 어린이의 심리 구조에 관심을 집중했다. 그것은 나중에 변화를 겪으면서도 마찬가지였다.

멜라니 클라인(Melanie Klein) 학파[12]는 바로 어머니를 보호하고 어린 아이에게 잘못을 전가하려는 노력에서 생겨났다. 도날드 위니콧(Donald W. Winnicott)은 어머니의 현실에 접근하기는 했으나, 여전히 어머니를 이상화하는 일에 사로잡혀 있었다.

다음에 소개하는 예가 그것을 설명해줄 것이다. 여기서 소개하는 이야기는 해리 군트립이 받은 두 번의 정신분석 치료에 대한 보고서(1975년)와 제레미 해즐스(Jeremy Hazells)가 펴낸 군트립의 전기(1996년)를 바탕으로 한 것이다.

정신분석가 해리 군트립은 어린 시절 자기에게 어떤 일이 있었는지 빠짐없이 밝히려고 평생을 바쳤다. 심각한 육체적 증상에 시달렸고, 남동생 퍼시(Percy)의 죽음에 관한 기억이 전혀 없어 고통스러웠다. 그의 기억에는 어머니에게 반복해서 심하게 매를 맞은 것, 특히 입을 얻어 맞은 것밖에는 없었다. 훗날 성인이 되어서는 어머니에게서, 절대로 아이를 갖고 싶지 않아 더 이상 임신을 하지 않으려고 그에게 젖을 오래 물렸다는 이야기를 들었다. 또 한 번은 어머니가 강아지 한 마리를 데려왔는데, 금방 다시 내보낼 수밖에 없었다는 이야기도 들었다. 어머니가 강아지를 매일 두들겨 팼기 때문이었다.

11남매의 맏딸이던 군트립의 어머니는 혼자 힘으로 동생들을 돌봤다. 누구나 탐을 낼 정도로 미인이던 그녀의 어머니는 자식

---

12) 대상관계 학파를 일컫는다. 위니콧과 함께 클라인이 주축을 이룬다. 이행대상, 과도대상, 대상관계라는 정신분석학 용어를 정립하였다.: 역주

양육에는 관심이 없었으며, 자식을 보살피며 시간을 보낼 생각도 없었다. 이런 운명을 겪으며 어린 시절을 보낸 군트립의 어머니는, 자식을 돌보는 일과 전혀 관계없는 삶, 곧 자유롭게 여행하며 남들에게 인정받는 삶을 살고 싶었을 것이다. 누구라도 짐작할 수 있는 일이다. 감수성이 예민한 나이에 동생들을 돌보며 혹사를 당했기 때문에 그녀는 자기 자신을 위해서는 거의 아무것도 할 수 없었다. 이런 상황을 감안하면, 그녀가 해리를 낳고서도 기뻐하지 않고, 아이를 사랑할 수 없었던 까닭이 이해가 되기도 한다. 이 이야기는 해리의 절망적인 상황과 그에게 나타난 여러 가지 증세에 대한 설명이 되기도 한다.

1930년에 그의 집에 온 가정의는 군트립을 진찰한 끝에 구강 염증이 심하다는 진단을 내렸다. 약물로 치료를 해도 효과가 없자 그 가정의는 군트립을 외과의사에게 넘겼다. 그는 수술을 받고, 뼈와 뼈막을 포함하여 앞니를 모두 뽑아야 했다. 의치를 고정할 '고리'도 없었다. 그는 더 이상 다른 사람과 함께 식사를 할 수가 없었다. 그러나 그런 수술도 겨울이면 재발하는 구강 염증을 막지는 못했다.

군트립은 자기가 숭배했으며, 마치 의무처럼 고마움을 느끼던 인물 로널드 페어번(Ronald Fairbairn)에게 1000시간이 넘게 정신분석을 받았다. 그러나 치료에는 아무 도움이 되지 못했다. 페어번은 특히 군트립이 3살에서 5살 사이에 '나쁜 어머니에게 집착했던 것'을, '오이디푸스 시기의 아이와 거세콤플렉스를 가진 어머니 사이에 놓인 성적으로 연관된 관계'로 해석했다. 그는 군트립의 육체적 증상들을 '신경과민성 전환'으로 이해했다. 대담하게 프로이트의 충동이론에 대해 의문을 제기하던 페어번이 실제로 환자를 진찰할 때는 프로이트의 개념에 충실해야겠다는 의무감을 느낀 것으로 보인다. 일반적으로 볼 때, 의리 있는 제자들이 이런 행동을 보이는데, 아마도 페어번이 자기가 어린 시절에 겪었던 종속 상태에 대해 다른 사람과 의논할 수가 없었기 때문일 것이다.

오랫동안 치료를 받고도 아무런 효과가 없자 군트립은 다시 위니콧에게 치료를 받기 시작했는데, 그에게서 훨씬 더 따스함과 감정이입을 느낄 수 있었다. 위니콧의 동반자 역할에 힘입어, 그는 150시간이 지난 뒤 어머니가 자기를 멀리하려 했다는 사실을 또렷하게 인식하게 되었다. 그러자 한동안 몸 상태가 좋아졌다. 물론 그의 기억상실증은 극복할 수가 없었다. 위니콧이 죽고 몇 년 뒤인 1971년에 군트립은 암에 걸렸고, 1975년 1월에 수술을 받았으나 2월에 숨을 거두고 말았다. 병세가 극히 악화되었기 때문이다.

군트립의 보고서와 해즐스의 전기에서, 군트립이 위니콧의 해석, 곧 그의 어머니가 생후 몇 달 동안 그를 사랑했다는 해석을 인정했다는 사실이 드러난다. 위니콧은 나중에, 그러니까 그녀가 다른 일로 과도한 부담을 느끼면서부터 군트립을 멀리하게 되었다고 믿어 의심치 않았다. 그래서 군트립은 그의 정신분석을 담당했던 사람들이 설득했던 대로 순진하게 '착한' 대상과 '악한' 대상을 '통합하려고' 노력했다. 하지만 그의 육체는 거기에 속지 않았고, 진실을 너무나 잘 알고 있었다. 군트립의 육체는 어머니가 (자기가 억눌러온 이야기를 근거로) 첫 아이를 처음부터 사랑하지 않았음을 인식하고 있었던 것이다.

제3자는 이러한 진실을 쉽게 상상할 수 있다. 하지만 당사자인 아이는 그 진실을 이해하지 못한다. 그리고 아이가 진실을 견딜 수 있도록 돕지 못하는 어른에게도 마찬가지로 진실에 다가가는 문은 닫혀 있다.

군트립은 위니콧의 말을 믿고 싶었다. 그래서 그 환상에 매달리 다시피했다. 나는 그가 그 환상에 대한 대가로 치명적인 병을 앓게 되었다고 생각한다. 위니콧이 죽은 날 밤, 그는 자기를 갓난아기로 대하지 않고 온통 우울증 속에 빠져 지낸 어머니와 그의 비극적 관계에 대한 꿈을 꾸었다. 그 뒤 2주일 동안 꿈이 계속되면서, 그에게 완전한 진실을 보여주고, 기억상실증을 극복할 수 있도록 도와주었다. 마지막에 꾸었던 꿈에 대해서 그는 이렇게 설명했다.

"꿈에 환한 방이 보였다. 거기서 퍼시를 다시 찾았다. 난 그게 퍼시라는 걸 알 수 있었다. 그 아이는 한 여인의 품에 안겨 있었다. 여인은 얼굴도, 팔도 가슴도 없었다. 그저 사람이 안길 수 있는 품일 뿐 사람이 아니었다. 퍼시는 풀이 죽은 표정으로 주위를 둘러보았다. 내가 웃기려고 하니 그의 입언저리가 아래로 축 처졌다."

나라면 여기서 꿈속의 퍼시는 군트립 자신을 나타낸다고 생각했을 것이다. 정신분석가들이 군트립을 더 이상 진실에서 멀리 떼어놓지 못하게 되자 기억상실증이 사라졌던 것이다. 물론 위니콧이 어린 군트립의 상황 속으로 정성들여 감정이입을 한 것이 마침내 그가 꿈속에서 모든 진실을 받아들일 수 있게 도와준 것도 사실이다.

군트립은 연속해서 나타난 이 꿈이 20년에 걸친 정신분석 작업의 결실이라고 생각했다. 그런데 그 진실은 자기 혼자만 아는 진실이고, 더구나 위니콧이 옳다고 생각하던 것과 반대되는 내용이었다. 그 순간 그에게는 전문가 증인이 없었다. 훗날 어머니의 말에서도 알 수 있듯이, 처음부터, 그러니까 어머니 뱃속에 있을 때부터 자기는 원치 않는 자식이었다는 완벽한 진실이 손아귀에 있었지만, 그에게는 곁에 같이 있어줄 사람이 없었다. 위니콧은 그에게 진실을 감추려고 하였다. 어쩌면 자기 이론에 충실하려고 그랬는지도 모른다. 그게 아니라면 자기 아이를 사랑하지 못하는 어머니를 상상하는 일이 심리적인 압박감으로 다가왔기 때문일 수도 있다.

이런 일은 우리가 생각하는 것보다 더 빈번하게 일어난다. 그것은 어머니들의 잘못이 아니라 사회가 무지한 탓이다. 이를테면 계몽된 산부인과에 가면, 솟구치는 육체적인 기억을 인식하여 의식할 수 있도록 초산 임산부를 도와주는 전문가 증인을 만날 수 있다. 그런 도움을 받은 임산부는 버림받고 폭력을 겪으면서 입은 어린 시절의 정신적 외상을 절대로 아이에게 전가하지 않게 된다.

위니콧의 해석을 비판할 수 있는 권리는 어디서 오는 것일까? 두 당사자인 정신분석가와 정신분석 환자보다 개별적인 사실에 대해서 아는 것이 훨씬 적은 제3자가 특정한 정신분석의 한계에 대해서 말하는 것은 오만불손한 태도 아닐까?

나는 그것이 오만불손하다고 생각지 않는다. 오늘날 우리에게 도움을 주는 정보를 활용할 수 없었던 옛 스승들의 한계에 대해 의심을 품는 것은 우리의 권리이자 의무이기도 하다. 나는 지난 40년 동안 아동 학대의 역학관계와 그것을 인정하지 않으려는 심리상태를 공부했다. 그에 따르면 위니콧의 해석이 진실에 어긋난다고 주장할 수도 있다. 그뿐 아니라 그것이 정신분석 환자의 자기기만을 강화시켜 결과적으로 치료를 방해했다고 주장할 수도 있다.

군트립의 어머니가 (바람직한 어린 시절을 보냈거나, 어린 시절의 고통을 의식할 수 있게 된 덕분에) 첫 아이를 사랑할 수 있는 능력을 가졌더라면, 출산 이후 아이에 대해 깊은 믿음이 생겨났을 것이다. 그랬다면 나중에 아이의 존재 전체를 부정하는 일은 일어나지 않았을 것이다. 사랑의 호르몬을 다룬 미셸 오당(Michel Odent)의 책은 이 관계를 매우 인상적으로 설명한다. 첫 아이를 멀리하는 이유는 단 한 가지, 곧 억눌려왔기 때문에 의식하지 못하는 이야기가 이 중요한 호르몬의 배출을 방해하기 때문이라는 것이다.

이런 어머니도 어린 시절까지 파고들어가 밝힌 진실을 감당할 수 있게 도와주는 사람들을 만나면, 자유롭게 자기 아이를 사랑할 수 있다. 나는 위에서 이야기했던 집단의 어머니들에게서 늘 이런 경험을 한다. 그런 교육이 되어 있는 사람, 곧 어린 시절에 겪은 학대의 결과를 잘 아는 사람의 도움을 받을 수 있으면, 처음 출산한 여성도 아이를 사랑하는 능력을 훌륭하게 기를 수 있다. 그런 교육을 실천에 옮기려면, 이론과 이상화를 앞세워 오늘날 우리가 알고 있는 지식을 더 이상 은폐하지 말아야 한다.

10장

진실의 치유력 - 어린 시절의 진실과 대면하기

중년의 사람들이 내게 계속 편지를 보낸다. 내가 여러 책에서 주장한 내용을 분명하게 이해했으며 그것을 고맙게 생각한다는 편지를 말이다. 그런데 그들은 그것을 이해하고 난 다음부터 견딜 수 없는 죄책감에 시달린다고 한다. 사람들은 그 죄책감이 잘못을 저지르면 꾸지람을 듣고 벌을 받던 자신의 어린 시절에 뿌리를 두고 있음을 의식하고 있다. 그러나 부모로서 결정적인 순간에 아이들이 요구하는 것을 주지 못했다는 고통에서 벗어나지 못한다. 그 까닭은 어린 시절을 거치며 형성된 심성으로는 그것을 감당할 수 없었기 때문이다.

이러한 인식이 고통을 안겨준다고 이상하게 생각할 것은 없다. 이것은 피할 수 있는 고통이 아니다. 이들은 대개 50년대와 60년대에 첫 아이를 낳은 어머니들이다. 그 시대에는 아이를 어머니에게서 떼어놓는 것을 당연시했고, 갓난아기와 젖먹이의 본능적 욕구에 대한 지식도 거의 알려지지 않았다.

우리는 죽을 때까지 단호하게 자기들의 교육방법이 옳았다고 주장하는 중년 세대의 어머니와 아버지들을 알고 있다. 자기 부모에게서 그와 똑같은 교육을 받으며 자랐고, 또 그런 확신을 조금도 흔들리고 싶지 않다는 이유에서, 그렇게 주장하는 것이다. 우리는 또 다 성장한 자녀들을 여전히 존중하지 않으면서도, 자기들에게는 관심을 쏟으라고 요구하는 노인들도 알고 있다. 예전에 자기들이 아이들을 어떻게 다루었던가는 관계없이, 당연히 관심과 존중, 사랑을 받을 권리를 갖고 있다는 듯이 말이다. 이런 사람들은 권력을 과시하고 싶은 욕심에, 활용 가능한 모든 수단을 동원하여 이미 어른이 된 자녀들에게 지배력을 행사하려고 애쓴다.

그런 사람들은 내 책을 읽지 않는다. 예나 지금이나 자기들의 행동에 대한 사소한 의심도 용납하지 않기 때문이다. 그에 비해 다 성장한 자녀들과 마음을 터놓고 대화를 나누려 하고, 자기들의 교육 방식에 대한 비난을 아이들을 이해하는 마음으로 받아들이려는 여성 독자들은 내게 편지를 보낸다.

잘못을 인정하기는 결코 쉬운 일이 아니다. 나는 우리가 다른 사람들처럼 이런 능력을 어린 시절에 체득하여 나중에 더욱 더 키워갈 수 있다고 생각한다. 잘못하고도 벌을 받지 않았다면, 곧 우리 행동이 어떤 점에서 적절하지 않았고 위험했는지를 누가 성의 있게 알려주었다면, 우리는 스스로 후회하면서 사람은 누구나 잘못을 저지를 수 있음을 경험으로 알 수 있었을 것이다. 그런데 사소한 잘못으로도 부모에게 벌을 받는다면 어떻게 될까? 실수를 인

정하면 위험하다는 것을 배우게 된다. 그것이 부모의 사랑을 앗아
갈 것이기 때문이다. 이런 경험은 우리에게 씻을 수 없는 죄의식
과 불안감을 남긴다.

　매를 들어 딸을 키웠는데, 이제 와서 그 딸이 어려서 맞은 매 때
문에 마음에 상처를 입었다는 말을 듣게 된 할머니가 있다고 하
자. 딸이 비난하는 소리를 듣고 할머니는 다른 반응을 보일 수 있
다. 우선 이렇게 말할 수 있다. "미안하구나. 나도 맞고 자랐기 때
문인지 어머니가 되어서는 그와 똑같이 해야 한다고 생각했거든.
이제 와서라도 그 일로 큰 아픔을 겪었다고 말해줘서 고맙다. 내
가 모르던 것을 이렇게 설명해주니, 이제 어릴 적 네 행동이 훨씬
이해가 잘 되는구나. 날 용서해다오. 아무것도 몰라서 그렇게 했
으니."

　또 이렇게 말할 수도 있을 것이다. "네 친구 아네테도 매를 맞
고 자랐지만, 아무런 문제가 없었어. 부모가 매를 들고 안 들고는
아무런 관계가 없어. 어쩌면 씨가 문제일지도 모르지."

　후자의 경우라면 아마 딸은 대화를 계속하고 싶지 않을 것이다.
그와 반대로 첫째 경우는, 딸이 어른으로서 얼마나 정신적으로 성
장했느냐에 달려 있다. 어머니의 해명에 만족한다면, 새롭게 믿음
이 넘치는 관계를 쌓을 수도 있다. 하지만 여러 가지 이유로 딸이
그렇게 하지 못하고, 어머니를 계속 비난하며, 어려서 말을 듣지
않는다고 혼낸 일로 큰 고통을 받았다는 이야기를 되풀이하는 경
우도 있을 것이다. 그러다 이골이 나면 어머니도 비난만 받지 않
고, 이렇게 반박할 수 있다. "이 나이에 네 하소연만 듣고 있을 수

는 없다. 나도 고통스러우니까. 이제 넌 다 컸어. 네 인생은 네가 책임져야 해. 지금 네가 하고, 네가 결정을 내리는 일에 대해서까지 비난을 받고 싶지는 않아." 내가 생각하기에는 어린 시절에 극단적인 벌을 받은 적이 없고, 더러 매를 맞긴 했어도, 잘못을 용서받았던 어머니만 이렇게 대응할 수 있다.

한편으로, 어려서는 무엇이든 잘못을 저지르기만 하면 부모에게 엄한 벌을 받고, 지금 와서는 모든 일에 대한 책임을 덮어쓰고, 잘못을 자기가 뒤집어쓰는 어머니들이 있다. 그들은 사랑도 받고 싶고 외톨이로 지내고 싶지도 않아서, 항상 착하게 구는 어린 아이처럼 행동한다. 정서적인 유대가 노인 심장병 환자의 삶에서 차지하는 중요성을 강조했던 심장 전문의 딘 오니시는, 심장병으로 죽어가는 사람들은 외로움에 시달렸지만 가족과 끈끈한 유대를 유지할 수 있었던 사람은 생존확률이 더 높았다고 밝혔다. 그것은 한눈으로도 알 수 있는 사실이다. 그런데 나는 환자들의 병세를 살펴보다가 그들이 바로 병의 원인이 된 구속관계에 집착하고 있는 것을 종종 확인한다. 전문가 증인을 만나서, 그와 함께 진실을 '캐내는' 행운을 얻은 덕분에 병을 털고 일어난 사람도 더러 있다. 다음 이야기는 나이를 불문하고 누구에게나 이런 일이 일어날 수 있다는 것을 잘 보여준다. 이것은 한 여성 독자가 자기 여자 친구가 죽은 뒤에 내게 해준 이야기다. 여기서는 그녀를 카차로 부르기로 한다.

카차는 세 자매의 맏이로 북부 프랑스에서 태어났다. 어머니는 매우 엄격하고 독선적인 성격이었다. 그녀는 마르티네(Martinet)[13]를 휘두르며 딸에게 무조건적인 복종을 요구했고, 딸의 나이에는 도저히 감당하기 어려운 일들을 시켰다. 물론 공부도 반에서 1등을 해야 했고, 어머니의 기대에 어긋나는 성적표를 가져오는 날에는 매를 맞았다. 카차는 상위권 성적이면서도, 어머니에게 혼날까 늘 두려워했다. 종종 편두통과 그 밖에 다른 병을 앓던 어머니는 큰딸에게 그 책임을 돌렸다. 카차는 어머니의 고통을 덜어주려고 항상 애를 썼다.

가정부가 있었지만, 두 여동생을 돌보는 것은 카차의 몫이었다. 두 여동생의 행동이 어머니 마음에 들지 않으면 카차가 벌을 받았다. 내 귀에는 마치 동화 신데렐라처럼 들렸다. 하지만 지난 몇 년 동안 나는 동화 신데렐라와 똑같은 상황이 많다는 것을 알았다.

그런데 카차에게 어떻게 평균 이상의 지능이 발달할 수 있었을까? 카차는 어떻게 어머니의 요구를 충족시켜주었기에, 목숨을 부지하고, 커서 범죄의 구렁텅이에 빠지지 않을 수 있었을까? 카차의 간접 보호자는 누구였을까? 아버지였을까? 그랬을 것 같지는 않다. 아버지는 아이를 성적으로 학대했으며, 몸이 허약해서 카차가 12살 때 폐암으로 세상을 떠났다. 그 이후로 카차는 기분 내키는 대로 행동하는 어머니 손에 완전히 내맡겨진 꼴이 되었다. 그

---

13) 마르티네는 가느다란 가죽 끈이 달린, 약 30cm 길이의 나무 자루. 일종의 채찍이며, 요즘도 프랑스에서 생산되고 있다. 공식적으로는 가축들에게 사용하는 것이지만, 텔레비전 인터뷰에서 마르티네 생산 공장 주인들이 말했듯이, 주로 부모들이 아이들을 벌줄 때 사용하는 도구로 팔린다. 생산회사는 여전히 호황을 누린다고 한다.: 역주

렇다면 도대체 누가 간접 보호자였을까?

　오랫동안 카차는 규율과 가혹함 이외에 다른 것을 가르치는 어른을 한 사람도 생각할 수가 없었다. 50살이 되어서 카차는 이웃에 살던 예전의 놀이친구를 다시 만났다. 친구는 이렇게 말했다.

　"난 널 무척 좋아했어. 네가 존경스러웠어. 너희 집 가정부였던 니콜을 기억하니? 널 사랑하고, 너희 어머니가 집에 없을 때면 네 응석을 받아주던 사람 말이야. 네 어머니가 있을 때는 니콜도 무서워했잖아." 카차는 어안이 벙벙하여 자기가 이 가정부를 전혀 기억하지 못한다는 사실을 깨달았다. 그녀가 카차의 인생에 중요한 역할을 했던 것은 틀림없다. 카차가 어머니에게 학대를 당하면서도 사랑스럽고 강한 사람으로 자란 걸 보면 알 수 있다. 누군가가 어린 시절에 그녀에게 용기를 불어넣고, 존재를 인정해주고 좋아해주었던 것이 분명했다.

　직업적으로는 성공했지만 카차의 삶은 실패로 점철되었다. 카차가 사랑한 남자는 그녀를 배신했고, 다른 남자와 결혼했지만 그는 그녀를 사랑하지 않았다. 카차는 아이를 갖기를 원했지만, 그 사내아이를 자기가 원했던 만큼 사랑할 수가 없었다. 아이에게 매를 들지는 않았다. 절대로 자기 어머니처럼 되고 싶지 않았기 때문이다. 하지만 아이 아버지가 아들을 난폭하게 대하는 것을 막지는 못했다. 아들과의 관계에는 처음부터 그녀의 체험이 짙게 드리워 있었다. 그녀는 아이가 어떤 감정을 갖고 있는지 알지 못했다. 자신이 어린 아이였을 때, 어머니에게 시달리면서도 그것을 의식해서는 안 되었기 때문이다. 카차는 자신에게 어떤 감정이 있는지 몰랐다. 그래서 아들의 감정도 알지 못했다. 아들은 어머니가 그 감정을 알아주기를 기대했는데도 말이다. 처음부터 그녀는 아들에게 특히 연민을 느꼈다. 또 아들에 대한 심각한 죄의식으로 괴로워했다. 아들이 무척 불행하다는 사실이 피부에 와 닿았고, 무력감을 느꼈다.

그렇게 카차의 운명이 아들과의 관계 속에서 재현되었다. 그녀는 어머니처럼 매사를 반듯하게 처리하려고 애를 썼다. 그러나 아이와 어머니의 원초적이고 바람직한 관계에서 생기는 지식이 그녀에게는 없었다. 그녀의 삶 전체와 결혼, 아들에 대한 생각에는 자기 자신에 대한 비난이 짙게 각인되어 있었다. 어머니와 아버지 그리고 다른 자매들에게 좋지 않은 일이 일어나면, 어머니가 모든 책임을 카차에게 돌렸던 것처럼, 그녀는 평생 동안 남편과 아들의 고통에 대한 책임을 뒤집어썼다. 남편은 그런 그녀의 태도를 능숙하게 악용했다. 무력감, 불안감, 무기력감과 같은 감정들을 자기 자신에게서 떼어내어 그녀에게 전가했다. 자신은 그런 감정들을 겪을 필요가 없었다.

카차는 타인의 감정을 소화할 수 있는 힘이 있는지 따져보지도 않고, 이 모든 감정을 빨아들이는 스펀지 같았다. 그것은 그런 감정들을 경험해본 사람만이 할 수 있는 일이다. 자신의 감정을 이해하고 극복할 수 있는 사람은 그녀의 남편뿐이었는지도 모른다. 하지만 그녀는 그런 일을 남에게 맡기려 하지 않고, 자기가 떠맡았다. 감정적으로는 여전히 부모의 고통에 대해 죄책감을 느끼는 어린 아이였기 때문이다. 그녀는 오랫동안, 자기 어머니와 비슷한 점이 많고 자기반성에 대해서는 최소한의 관심도 없이 본래부터 무사태평한 남자와 결혼했다는 사실을 인정하려 들지 않았다. 20년이 넘게 그녀는 선의와 이해심이 있으면 뭔가 변화를 이끌어낼 수 있으리라는 희망을 품고 살았다. 하지만 카차가 다정하게 대할수록 남편은 거칠어졌다. 그녀의 친절함을 질투했기 때문이었다. 한참 뒤에 가서야 그녀는 그 모든 것을 깨달았다. 한 남자에 대한 25년에 걸친 구애 끝에 그녀는 심하게 하혈을 하고 자궁을 제거했다. 마침내 카차는 심리요법에 도움을 청했다.

그래도 그녀는 성인인 자기에게 해결책이 있다는 사실, 곧 남편과 이혼할 수도 있다는 사실을 깨닫지 못했다. 카차는 이혼이 아니라, 그를 자극하여 분노를 터뜨리게 하지 않으면서 함께 살려고 노력했다. 그녀는 한 여성 정신분석학자를 찾아가 남편과 평화롭게 살려면 어떻게 하는 것이 좋겠는지 물었다. 또 자기가 끊임없이 그의 화를 돋운다면서, 분명히 자기에게 뭔가 문제가 있을 것이라고 했다. 그 정신분석학자는 남편의 기분을 편안하게 해주려는 의도에서 다른 사람이 되려는 것을 도와줄 수는 없다고 말했다. 바로 지금의 나 자신이 되어, 진실을 보듬고 살아갈 용기를 갖도록 돕는 것 외에는 할 수가 없다고 했다.

카차는 그녀가 자기 마음을 이해한다고 느꼈다. 그렇지만 남편과 이혼하는 것은 두려웠다. 죄책감이 몰려와 그녀가 자신을 해방시키는 것을 방해했기 때문이다.

그런데 그 치료 전문가는 왜 카차 남편의 행동이 그의 어린 시절과 어머니에 대한 증오에 뿌리를 두고 있음을 그녀에게 납득시킬 수가 없었을까? 카차가 어른이었다면 그 점을 깨달았을지도 모른다. 하지만 그녀의 몸속에는 여전히 주위 사람들의 변덕과 실패에 대한 책임을 자기가 덮어쓰는 아이가 살고 있었다. 그리고 자기에게 그걸 깨달을 수 있는 기회가 왔다는 것조차 감지할 수가 없었다. 그녀는 목숨을 구하려고 남편과 이혼하길 원했다. 그녀의 몸이 반드시 이혼을 해야 한다는 확고부동한 신호를 보냈기 때문이다. 그런데도 그녀는 이혼을 할 수가 없었다. 자기를 떠나거나, 이혼 이야기를 꺼내기만 하면 스스로 목숨을 끊겠다고 위협하는 남편이 그녀에게 증폭시킨 불안감이 그녀 안에 있는 아이에게 엄청난 정신적 압박을 주었기 때문이다. 그러나 치료 전문가의 결정적인 후원을 받아 마침내 이혼을 하게 되었다.

이제 카차는 혼자 살면서 새 남자친구들도 사귀고, 보람을 느낄 수 있는 직장도 얻었다. 성인의 관점에서 본다면, 그녀는 불행의 터널을 빠져나왔다. 그런데 어린 시절의 그림자가 아들과 그녀의 관계에 다시 찾아들었다. 아들은 부모의 이혼으로 마음에 상처를 받았지만, 아버지처럼 자신의 본래 감정을 드러내지 못했다. 아버지에게는 매를 맞으며 모욕을 당하고, 어머니에게는 처음부터 이해를 받지 못했기 때문에, 그는 사람을 믿지 못하는 성격이 됐다. 사람들이 예전처럼 자기를 진심으로 좋아하는지 믿을 수가 없었던 그는, 항상 다른 사람들보다 더 크고 더 힘센 사람이 되려고 했다. 어린 시절에 그가 겪은 아버지는 가차없는 재판관이었다. 그런데 이제 그가 어머니를 향해서 이 역할을 행사하는 것이었다. 그는 해결할 수 없는 모든 일을 어머니인 카차의 잘못으로 떠넘겼다. 그녀는 그런 일에 적임이었다. 그야말로 속죄양이 되기 위해 태어난 사람이었다.

　카차는 오래 전부터, 언젠가 아들과 마음속 이야기를 나누고, 그가 마음 아파하는 것에 대한 이야기를 들으면서 그를 이해하고, 자기 감정을 털어놓고, 공존의 토대를 찾아낼 수 있을 것이라는 희망을 품고 있었다. 모든 사실들로 미루어 짐작건대 이룰 수 없는 희망이었다. 하지만 그 희망은 수십 년 동안 깨지지 않고 그녀의 가슴속에 생생하게 살아 있었다. 그녀의 아들은 대화를 일절 기피했다. 이유도 말하지 않았다. 카차는 아들을 이해하려고 애썼다. 아들을 위한 노력을 그만둘 수는 없었다. 아들은 끊임없이 그녀를 멀리하며 고통을 주었다. 그러나 그녀는 그 고통을 고의적으로 무시했다. 그러면서 아들이 자기를 감정적으로 받아들이지 못하는 까닭을, 어려서 아이에게 무조건적인 사랑이 절실하게 필요할 때 그 사랑을 주지 못했기 때문이라고 설명했다. 그렇게 그녀는 아들에게 동정을 느꼈지만, 그와 동시에 자기 자신의 감정에 다가가는 통로를 잃었다. 아들에게서 느껴지는 증오를 자기 자신에게 더 이상 숨길 수 없을 때면, 종종 비통하게 흐느끼곤 했다. 허전한 마음에서 환상에 사로잡히기도 했지만, 고통은 그녀를 진실 앞에 마주 세웠다. 언젠가 카차는 아들에게 물었다. "도대체 넌 왜 날 미워하니?" 아들은 화를 내며 어머니가 자기를 아버지와 혼동하고 있으며, 자신의 참모습을 보려 하지 않는다고 대꾸했다. 카차는 그럴 수도 있다고 생각했다. 과거에 남편에게서 겪었던 일을 아들에게 투사하는 것은 잘못이라는 점을 인정했다. 하지만 사실 자기가 아들의 본래 모습을 전혀 모른다는 사실을 인정할 용기는 나지 않았다. 그렇게 그녀는 계속 자신의 감정을 부정하며 자기기만에 매달렸다.

어릴 적에 어머니와 살면서 학습했던 것처럼, 성인이 되어서도 카차는 사람들이 말하는 것만 믿고, 자기가 본 것은 믿지 않으려고 억지를 부렸다. 그러느라 무척 고통스러웠지만, 거기에서 벗어날 수는 없었다. 필사적으로 해결책을 찾으려고 하면서도, 여전히 자신과 어머니의 관계 속에 놓여 있는 그 원인을 인식하지는 못했다. 아들이 자기와 깊은 대화를 나누려고 하지 않을 때, 이를 받아들일 수 있을 것이라고 생각했지만, 솔직히 그것은 자신을 속이는 것이었다. 아들에게 이해를 받고 싶다는 갈망이 그녀의 선의보다 더 절실했기 때문이었다.

다시 중병을 얻은 후에야 그녀의 몸은 그녀의 의식을 흔들어 깨울 수 있었다. 그때서야 비로소 아들에게 노예처럼 복종하는 태도가 자신을 파멸로 이끌고 있음을 분명히 인식하게 되었다. 25년 전에 그랬어야 하듯이, 그녀는 아들이 마음의 문을 열려고 하지 않는 한, 그를 이해하려는 어떤 노력도 실패로 돌아갈 것이라는 점을 인정하지 않을 수 없었다. 요컨대 아들이 자기를 신뢰하지 않는 한, 아들의 비난을 아들의 마음으로 이해하겠다는 소망도 충족할 수 없다는 사실을 받아들여야 했다. 그런데 그녀의 아들은 마음의 문을 열 수가 없었다. 이른 어린 시절에 신뢰를 쌓았어야 하는데 그러지 못했기 때문이다.

부모와 여동생, 또 학교 친구들과 정신적인 교류를 갖고자 했던 카차의 소망은 한 번도 이루어진 적이 없이, 오랫동안 환상의 형태로 남아 있었다. 그리고 이제 아들을 통해서 그 소망을 이루고자 하였다. 그런데 그 갈망이 지나치게 뜨거워 그녀는 아들이 자신의 소망을 얼마나 싫어하는지, 또 어쩌면 당연한 일이기도 하지만, 얼마나 두려워하는지 알지 못했다. 그녀는 아들의 불안감을 있는 그대로 인정할 수가 없었다. 어머니로서 잘못이 있다면 무조건 값을 치르고 싶었다. 정 안 되면, 자기가 고통을 받아서라도 값을 치르고 싶었다.

카차의 잘못은 무엇이었을까? 어머니로서 아이가 원하는 만큼 돕지 못했던 것이, 병원 직원을 두려워했던 것이, 다른 사람들이 더 잘 이해할 수 있을 것이라고 믿고 아이를 여러 번 그들 손에 넘겨준 것이 잘못이었을까? 그녀의 친구들은 묻는다. 자기가 받지 못한 것을 남에게 주지 못하는 것은 당연한 일 아닐까? 자신의 실수를 50년 동안이나 용서하지 못하는 것을 보면 카차는 완벽주의자 아닐까? 맞다. 그럴 듯해 보이는 질문이다. 그런데 카차는 왜 완벽주의자가 되었을까? 왜 실수를 스스로 용서하지 못했을까? 이 연극을 끝내는 것은 그녀에게 달려 있었다. 그런데 왜 그녀는 연극을 끝내지 못했을까?

카차는 어머니가 매를 때려 자기를 고분고분한 아이로 만들고, 실수를 저지르면 모욕을 주고 죄책감을 느끼게 만들었던 이른 어린 시절과 대면했어야 했다. 그랬으면 이런 문제들 앞에 진지하게 마주 설 수 있었을 것이다. 어려서 습득한 교훈은 평생 영향을 끼친다. 카차는 언제라도 죄책감을 느낄 준비가 되어 있었다. 거의 무한하다 싶을 정도였다. 교육학자들의 글을 보면, 갓난아기 시절에 육체적인 경고를 통해 아이에게 복종심을 가르치라고 권고하는 이가 많다. 되도록이면 아이가 어릴 때 이런 조치를 취해야 효과도 크다고 주장한다. 카차의 삶은 이런 주장을 완벽하게 입증하고 있다.

그녀는 창의력을 개발하고, 다른 사람들과 관계를 맺을 수 있었다. 직업상담원이라는 일을 통해 다른 사람을 도울 수도 있었다. 하지만 어머니가 어린 나이에 자기 영혼에 심어준 죄책감은 평생 떨쳐버릴 수가 없었다. 그 씨앗들은 거대한 식물로 자라, 지극히 분명한 실제 사실들을 바라보는 카차의 시선을 왜곡했다.

나이 70이 넘어 그런 태도를 버리는 것은 대단한 모험이다. 하지만 불가능한 일도 아니다. 마침내 카차는 자신의 인식을 통해 결론을 도출하여, 환상을 포기할 수 있었다. 이어서 그녀의 내면에서는 끝없는 투쟁이 벌어졌고, 슬픔을 심리적으로 대체하는 고통스러운 작업이 진행되었다. 사실은 진작 이렇게 했어야 하고, 그랬으면 그만큼 빨리 구원을 얻었을 것이다. 카차의 육체는 그점을 그녀에게 분명하게 보여주었다.

카차는 오래 전부터 내려오는 원칙에 평생 이끌려 다녔다. 그녀가 받아들인 율법이 그녀의 행동을 규정했다. 그 율법 가운데 먼저 가톨릭 교회의 계명이 있었다. 카차는 그 계명과 더불어 성장했다. 그러니 부모의 윤리규범에 의문을 품을 수 없었다. 카차는 도서관을 찾아다니며 어린이에게 매를 들고, 모욕하고, 무시하고, 조종하는 행동에 대해 명백한 반대의사를 밝힌 신학자들의 저서가 있는지 찾아보았다. 그녀는 프로테스탄트인 요하네스 아모스 코메니우스(Johannes Amos Comenius)를 제외하고는 그런 견해를 내세운 신학자를 단 한 사람도 발견하지 못했다. 어린이의 고통을 인식한 책은 한 권도 없었다. 카차는 점차 심리학 문헌을 많이 읽게 되었는데 거기서는 분노, 화 같은 부정적인 감정들은 육체에 독이 되기 때문에 긍정적인 감정과 사고를 유지해야 건강하게 살 수 있다고 강조했다.

아무것도 그녀에게는 도움이 되지 않았다. 도움이 될 수도 없다. 분노와 증오같은 감정들이 육체를 상하게 할 수 있다는 말은 맞다. 하지만 그 원인이 밝혀지지 않는 한, 또는 그 원인을 무시하는 한, 그것을 막을 수단은 없다. 부모와 의사소통을 하기 위해 모든 수단을 동원하여 애를 써도 늘 거절의 벽에 부딪혀 튕겨 나올 때, 총체적인 무력감을 느낀 어린 소녀가 그에 대한 반작용으로 증오를 느끼는 것은 너무나 당연한 일이다. 아들의 모든 비난을 당연하게 받아들이고, 어린 아들에게 어머니의 부재를 느끼게 한데 대한 책임을 떠맡겠다고 고집을 부리는 동안, 카차는 빠져나올 가망이 전혀 없는 덫에 갇힌 느낌이었다.

어린 시절의 희망을 포기하니 증오심도 사라졌다. 마침내 현재와 과거에 실제로 있었던 사실들을 인정할 수 있을 정도로 자유로워졌다. 그녀는 더 이상 이해할 수 없는 일들을 억지로 믿을 필요가 없고, 다른 사람의 견해를 받아들이고, 소화할 수 없는 낯선 감정들로 마음을 괴롭힐 필요가 없었다. 더 이상 자신을 강요하여, 실제 사실을 못 본 체하고, 자신의 인식을 부정할 필요도 없어졌다. 이제는 자기 몸속에서 올라오는 생각을 받아들이고, 상황에 따라 밀려오는 감정들을 그대로 느낄 수 있었다.

바로 이런 변화들이 증오를 극복할 수 있게 해주었다. 덫에 걸렸다고 느끼는 동안에는, 다시 말해서 선택의 여지가 없는 어린이의 상황, 생존을 위해 절망 속에 웅크리고 있어야 하는 상황에 처해 있다고 느끼는 동안에는 증오도 사라지지 않는다. 어른이 되어 대안이 나타나는 순간, 곧 덫에서 빠져 나올 출구가 보이는 순간, 증오는 저절로 사라진다. 그러면 도덕과 용서, 긍정적인 감정을 체득하려고 노력하라는 설교도 필요가 없어진다.

심리학 문헌에서는 늘 이와 같은 충고를 되풀이한다. 내가 자주 이 문제를 들먹이는 까닭은 거기에 있다. 나는 긴장이완 훈련과 명상을 통해 마음속에 긍정적인 감정들을 일깨울 수 있다는 주장은 환상이라고 생각한다. 그런 충고들은 한결같이, 부모를 용서하고 부정적인 감정을 긍정적인 감정으로 대체하면 몸의 증세들이 사라진다는 확신을 주입한다.

그러나 나는 그렇게 해서 장기적으로 성공한 사람을 한 사람도 알지 못한다. 그런데 지칠 줄 모르고 용서를 심리요법으로 추천하는 이들은 하나같이 이 방법을 고집한다. 이러한 행동 요령이 실제로 도움이 된다면 금상첨화일 것이다. 하지만 카차에게는 전혀 도움이 되지 않았다. 나는 카차의 이야기를 듣고, 수많은 내 환자에게서 경험했던 사실, 곧 감정들은 장기적으로는 조작할 수 없다는 사실을 확인할 수 있었다. 억압을 받으면, 감정들은 우리의 의식에서 빠져나갈 수 있다. 그러나 빠져나간 감정들은 신체 기능의 장애를 통해서 틈나는 대로 자기 존재를 우리에게 알린다. 또 그 장애의 내용과 정도도 매우 심각하다. 따라서 우리 의식 속에 남겨두었을 때보다 그것을 다루기가 훨씬 더 어렵다.

어떤 일이 우리를 불안하게 할 때, 그것을 잊으려고 맛있는 음식을 먹으며 주의를 딴 곳으로 돌리는 경우가 있다. 상황에 따라서는 그렇게 받아들인 음식물을 몸이 소화하지 못할 수도 있다. 몸은 그런 음식을 즐거움으로 받아들이는 것이 아니라, 거추장스러운 짐으로 느끼며, 설사나 구토의 형식을 빌려 거기서 벗어난다. 그런다고 원래의 불안이 제거되지도 않는다. 다만 그 원인만 더 오래 은폐될 따름이다. 온몸의 건강상태에 따라, 이와 같은 과정은 육체적으로 사소한 흔적을 남길 수도 있고, 심각한 흔적을 남길 수도 있다.

중병을 앓게 되자, 카차 안에 있던 반항아가 눈을 떴다. 그리고 이렇게 말할 수 있게 되었다. 아무리 흉악한 범죄자도 죄값을 치르고 나면, 더 이상 자신을 비난하지 않아도 된다. 그녀는 중범죄자가 아니었다. 그 시대의 다른 어머니들처럼 갓난아기를 맞이하는 방법을 배우지 못했고, 자기 어머니에게서 긍정적인 메시지를 받아 몸에 저장할 수 없었던 어머니였다.

그녀는 아들에게 자신의 잘못에 대해 여러 번 용서를 구했고, 실수를 후회했다. 그러니 이제 자기 인생을 파괴한 죄책감에서, 그리고 아들과의 관계에서 벗어나야 했다. 과거는 돌이킬 수 없으며, 정신적으로 아들의 신뢰를 얻는 데 실패했으며, 마찬가지로 아들도 어머니에 대한 신뢰를 회복하지 못했다는 사실을 인정하지 않을 수 없었다. 어머니에게 과거를 보상하는 것은 아들의 능력 밖의 일이었다. 어머니와 대화하기를 거절하고 멀리하는 것이 그가 자기 인생을 쌓아 나가고, 어머니의 소망에 치여 병에 걸리지 않는 유일한 길일 수도 있었다.

카차 친구의 글에는 아들에 대해 설명하는 내용이 없다. 이는 그녀가 카차에게서 직접 얻은 정보를 근거로 이야기를 했기 때문이라 생각한다. 물론 그 정보에는 그녀가 어머니로서 겪은 체험이 배어 있다. 나는 카차가 아들을 더 이상 남편을 대신하거나 자기 어머니를 대체하는 존재로 혼동하지 않게 되었을 때, 곧 카차가 어린 시절에 경험했던 현실의 총체적 모습 앞에 서게 됐을 때, 아들도 어머니에게서 벗어날 수 있었을 것이라고 믿는다.

당시에는 카차의 어려움을 이해해줄 만한 사람이 없었다. 여동생들은 카차에게 어머니 구실을 요구했다. 나중에 기숙사에서 자기에게 호감을 보이는 친구들을 만날 수 있었지만, 어머니 슬하에서 겪은 일들 때문에 사람을 믿지 못하고 마음이 닫혀 있던 카차는 그 기회를 이용할 수가 없었다. 어른이 되어서는 사람들과 친밀하게 지내고 싶었지만, 그녀가 만난 사람들은 그 소망을 채워주지 못했다. 친밀함 그 자체를 두려워했기 때문이다. 마침내 아들이 다 성장하자, 카차는 그에게 마음의 문을 열라고 요구할 권리가 있다고 믿었다. 그녀의 아들은 어린 아이일 때 벌써, 꼭 집어 말할 수는 없지만, 이러한 요구를 앞세우는 그녀의 마음을 피부로 느끼고 부담감을 느끼고 있다가 끝내는 그 요구의 감정적인 위세에 놀라 도망을 쳤을 수도 있다. 어쩌면 어머니 안에 사랑에 굶주린 아이가 살고 있는데, 자기는 그 아이를 위해 아무것도 할 수 없다는 것을 어렴풋이 느꼈을지도 모른다.

마침내 카차는 어린 시절의 비극이 더 좋은 어머니가 될 수 있는 가능성을 빼앗아갔다는 사실과 타협했다. 운명을 받아들이게 된 후, 그녀는 인생의 후반기에 마음의 평화를 누렸고, 남자친구들과 좋은 관계를 유지했으며, 자기 자신과 화해했고, 비현실적이라고 생각되는 목표들을 버렸다.

카차에 대한 나의 설명은 카차의 친구가 내게 알려준 실제 사실에 근거를 두고 있다. 이 기록에는 어린 시절의 애정 결핍으로 길을 잘못 든 나머지 마음 가장 깊숙한 곳에 있는 욕구를 자기 아들을 통해서만 충족하려고 했던 여인의 이야기가 담겨 있다.

심리요법을 받고 어린 시절의 그림자가 아들과의 관계에 얼마나 많은 짐이 되었는지 이해했을 때, 카차에게 자기 어머니에 대한 기억, 또 첫째 아이와의 관계를 거절했던 어머니의 성격에 대한 기억이 점점 더 또렷하게 떠올랐다. 이제 카차는 어린 시절에 자기가 느꼈던 욕구를 느끼고, 그것을 일기장에 기록할 수 있게 되었다. 그녀가 세상을 뜬 뒤에 친구가 나에게 그 일부를 보내주었다. 그것을 여기 싣는다.

"아이로서 부모님에게 사랑과 관심을 요구해야 했을 거예요. 그런데 저는 그 권리를 포기해야 했어요. 그 아이에겐 가서 이런 말을 할 수 있는 곳이 한 군데도 없었어요. '배가 고파요. 먹을 것 좀 주세요. 세상을 모르겠어요. 저에게 설명 좀 해주세요.

불안해요. 제 곁에 있어주세요. 걱정거리가 있거든요. 절 좀 위로해주세요. 도움을 청할 곳이 없어요. 도와주세요. 착취당한다는 느낌이 들어요. 절 보호해주세요. 저는 산산이 부서지고 있어요. 너무 어려서 지나친 요구는 감당할 수가 없거든요. 제 짐을 덜어주세요. 제 어려움을 지켜봐주는 사람이 있었으면 좋겠어요. 부모님께서 봐주세요. 그리고 마지막으로 저를 쳐다봐주세요.' 이제는 그것들을 모두 이해할 수 있어요. 그런데 어렸을 때는 이런 욕구를 느끼지 못했어요. 칭찬받을 일을 하여 부모님 마음에 들려고 쉴 새 없이 애만 썼어요. 그렇게 평생을 살았어요. 이제는 그 누구의 마음에 들지 않아도 돼요. 그저 저 자신에게 충실하면 돼요. 제 운명을 이해하고 받아들이려고 해요. 더이상 아들에게 짐이 되고 싶지 않거든요. 갑자기 저를 이해하는 사람들이 생겼어요. 그 때문에 애쓸 필요가 없어요. 그 사람들은 그 자리에 있으니까요. 전에도 항상 그 자리에 있었을 거예요. 다만 그 사람들을 볼 수 있을 만큼 내가 자유롭지 못했던 것이겠죠."

이 글에 대해 카차의 친구는 이런 소감을 보내왔다.

"카차의 운명을 당신과 대질시키고 싶었어요. 처음에는 그녀가 예외적인 경우라고 생각했거든요. 또 그녀의 일은 당신이 책에서 설명했고 내가 옳다고 여기던 것과 뭔가 모순된다고 여겼어요. 나는 이 사건을 정리할 수가 없었어요. 여기서는 정반대되는 일이 벌어지는 것 같았으니까요. 다시 말하면 잘 대해주려고 노력하는 어머니가 다 자란 아들 때문에 마음고생을 하잖아요. 이것은 당신이 다른 모든 사건에서 보여주었듯이, 아이들이 부모 때문에 고통을 겪는 경우와 달라요. 그런데 카차가 세상을 뜬 후에, 심리요법 기록을 읽어 보고, 나는 어머니와 아들이 겪었던 그 비극의 원인이 훨씬 이전의 과거사에 있다는 사실을 이해하게 되었어요. 짐작건대 아들을 낳기 전에 벌써, 카차의 불행했던 어린 시절이 그녀에게 매우 큰 영향을 주었고, 평생 괴롭혔던 것 같아요. 그런 점에서 보면, 그녀의 아들에게는 어머니 곁에서 재능을 키울 기회가 많지 않았어요. 아들로서는 어머니와 감정적으로 거리를 둘 필요가 있었어요. 비극적으로 들릴지도 모르겠지만, 내가 추측건대, 그것이 충족 불가능한 어머니의 감정적인 기대 앞에서 아들이 자기 인생을 구할 수 있는 유일한 가능성이었던 같아요.

이것은 내가 무척 사랑했고, 진실하게 살려는 노력으로 내게 본보기가 되었던 카차를 비난하는 말이 아니에요. 카차는 아들의 마음을 이해하고, 그의 요구를 들어주고, 동시에 자기 자신에게도 충실하려고 노력했어요. 하지만 어린 시절의 경험이 그녀의 노력을 수포로 돌아가게 만들었어요. 그녀가 세상을 떠난 지금에야 난 그 사실을 알게 되었고요. 아무리 애를 써도, 운명은 그녀가 다른 사람들과 열린 마음으로, 신뢰를 가득 안고 살 기회를 주지 않았어요. 그녀에게는 본보기를 보여줄 사람이 없었어요. 본래 그녀의 가족은 모두 그녀가 간절히 꿈꾸던 그런 의사소통과는 거리가 먼 사람들이었어요. 훗날 카차는 모든 기대를 아들에게 쏟았어요. 하지만 이런 모습을 통해서 그녀는, 어머니가 아무리 노력해도 따스하고 친밀한 관계가 회복되지 않는다는 비극적인 사실을 입증하는 당사자가 되었어요. 물론 무의식적인 것이고, 의도한 것도 아니지만 결과적으로는 그 사실을 적극적으로 입증해준 사례가 되었어요.

예전에는 인생이란 다 그런 것이고, 인간은 운명을 선택할 수 없다고 생각했어요. 하지만 자기 적성에 맞게 성장할 수 있고, 항상 부모의 의지에 따르지 않아도 된다면, 자유로운 의사표현을 못 하게 막는 파트너를 선택할 사람은 없을 거라고 생각해요. 수년 전에는 비합리적인 것으로 여겼을 어떤 행동을, 오늘날 우리는 실제로 있었으나 대부분은 감춰져 있는 사건들의 논리적 결과로서 나타날 수 있는 행동이라고 믿어요. 이런 인식을 외면하지는 못할 거예요.

카차가 남긴 메모를 보고 내 인생에 대해서도 많은 것을 이해할 수 있게 되었어요. 그래서 기뻐요."

사랑받은 아이가 사랑할 수 있다

프랑크 매코트는 『우리 어머니의 재』에 1970년대에 있었던 한 아이의 위험한 행동을 매우 인상적으로 기술했다. 아이는 질문을 퍼부어 어른들을 불편하게 만든다. 그럴 때마다 항상 어른들은 아이의 질문에 대답할 말이 없으면서도 그 사실을 인정하려고 들지 않는다. 기껏해야 그런 건 비밀이라고 하면서, "크면 너도 알게 될 거야. 그러니 나가 놀아!" 이렇게 대꾸하는 것이 고작이다. 그게 아니면 매코트네 집에서처럼, "잔말 말고 주둥이 닥쳐!" 하는 퉁명스러운 대꾸만 돌아올 뿐이다.

그동안 사정이 눈에 띄게 변했다. 독자적으로 생각하고, 또 알고 싶어 하는 것은 오늘날 더 이상 위험한 행동이 아니다. 누구나 그렇게 하려고 한다. 질문을 던지는 아이에게, "나가 놀아!" 이렇게 대답할 수가 없다. 아이는 정보에 접근하는 통로를 알고 있다. 제법 큰 아이는 컴퓨터를 이용해 스스로 정보를 찾아낸다. 그런 지식에 힘입어 아이는 부모에게서 독립된 지위를 확보할 수 있다. 과거에는 결코 있을 수 없던 일이다.

　나는 어린 시절에, 기껏해야 핑계밖에 댈 줄 모르는 어른들에게 더 이상 질문을 던져봐야 소용없다는 것을 깨달았다. 그 다음에는 내 스스로 질문에 대답하려고 노력했다. 그러면서 우리 교육의 가장 지엄한 계율을 알아냈다. "네가 당한 일과 네가 직접 다른 사람에게 가한 일을 알려고 하지 말라!"가 바로 그것이었다. 그 순간 나는 이 계율이 수천년 동안 우리의 노력을 방해해왔음을 깨달았다. 곧 선악을 구분하고, 어린 시절 우리에게 가해졌던 고통을 인식하여, 우리 아이들에게는 그 고통을 면하게 해주려는 노력을 말이다. 그래서 나는 책을 쓸 때마다 아동 학대의 원인과 결과는 하나라는 점을 지적했다. 요컨대 과거에 받았던 상처를 부인할 경우에는, 결과적으로 같은 방법으로 다음 세대에 그 상처를 안겨주게 된다고 주장해왔다. 이를 인정하려 하지 않는 한 그렇게 될 수밖에 없다.

　이 견해는 아직까지 사람들의 의식 속에 보편적으로 자리 잡지 못하고 있다. 그러나 조만간 사람들은, 자녀에게 매를 드는 것은 사랑이 아니라 마음에 상처를 주는 행동이고, 우리에게는 우리의 행동에 대한 책임을 사도 바울에게 넘길 권리가 없다는 점을 깨달을 것이다. 그것은 아이들에게서 악을 쫓아내겠다고 하면서, 자기 손으로 악을 키우는 행동에 지나지 않는다.

　왜 그런가? 바로 체벌은 불안감을 낳기 때문이다. 체벌은 종종 아이를 무감각 상태, 곧 경직된 상태에 빠지게 한다. 공포가 온통

의식을 사로잡기 때문에, 그런 상태에서는 차분하게 깊이 생각할 수가 없다. 부정의 교육의 전통 속에서 성장한 사람들은, 평생을 이와 같은 무감각 상태에서, 곧 또 매를 맞을까봐 끊임없이 불안해하며 웅크리고 지내는 것처럼 보인다. 스탈린의 예에서 볼 수 있듯이, 새로운 경험과 정보는 어린 시절에 몸에 저장된 불안감, 또 그 결과로 야기된 사고의 폐쇄에 아무런 영향을 끼치지 못한다. 이렇게 매를 맞고 자라면, 경우에 따라서 실제로 어른으로 성장하는 데, 또 자신의 말과 행동에 책임을 지는 데 어려움을 겪는다. 이런 사람은 평생 동안 감정적으로 미성숙 상태를 벗어나지 못하는 경우가 많다. 학대의 후유증으로 악을 분간하지 못하게 된 어린이에 머문다. 악에 맞서 싸우는 것은 더 말할 나위도 없다.

프랑크 매코트처럼 오늘날 사람들은 이렇게 말한다. "내 어린 시절은 끔찍하긴 했지만, 좋을 때도 있었어. 중요한 것은 그 모든 것을 이겨내고, 이제 내가 어린 시절에 대해 글을 쓸 수 있다는 사실이야. 세상은 다 그런 거야." 나는 이를 숙명론적인 태도라고 부른다. 우리는 그러한 어린 시절에 대해 저항하여, 미래에는 더 이상, 아니면 적어도 우리가 노력하는 만큼은 어린이들이 그런 어린 시절을 보내지 않게 할 수 있을 것이라고 믿는다.

매코트의 아버지처럼 정기적으로 수령한 실업수당을 술을 마셔 없애는 실업자 아버지는 아이에게는 숙명이라고 할 수 있다. 그런 현실과 화해하는 것 이외에 다른 가능성이 없기 때문이다. 실제로 부모에게 존재를 인정받지 못하고 속죄양으로 이용당한다고 느껴도, 아이의 이성은 그것을 제대로 알아챌 수가 없다. 진정한 애정을 받지 못하고 있음을 몸으로 느껴도, 아이는 그것을 다 정리할 수가 없다. 아이는 부모에 대한 연민 속으로 도피한다. 또 사랑의 감정은 아이의 체면을 세워주기도 한다.

자식에 대한 책임감도 부족하고 관심도 없는 부모 밑에서 가혹한 어린 시절을 보내면서도, 이런 사실을 못 본 체했던 아이는, 나중에 이런 태도를 맹목적으로 받아들이고, 악을 불가피한 것으로 간주하는 숙명론적인 이데올로기에 사로잡힐 위험이 있다.

그런 아이는 어른이 되어서도, 운명과 타협하는 것 말고는 아무것도 선택할 수 없던 무기력한 아이의 관점을 극복하지 못한다. 오늘날에는 악의 근원을 파악할 수가 있고, 시간을 두고 그에 맞서 싸우거나, 완전히 제거할 수 있지만, 그는 그것을 알지 못한다. 또 역설이지만 그런 가능성이 아이의 태도에서 생겨난다는 것을 모른다. 요컨대 하느님(자기 부모)이 내릴 벌에 대한 불안감을 떨쳐버리고, 어린 시절의 정신적 충격을 부정하지 않고, 그 파괴적인 결과를 알아내겠다고 준비할 때, 그 가능성이 열린다는 것을 모른다. 성인이 돼 이를 깨달으면, 과거에 잃어버렸던 어린이의 고통에 대한 감수성을 되찾고, 감정적인 맹목성에서 벗어날 수가 있다.

예수의 형상은 부정의 교육의 모든 원칙, 곧 벌로 복종케 하고 감정적인 맹목성을 주입하는 교육을 반박한다. 교회는 항상 이 부정의 교육을 대변해왔지만 말이다. 탄생하기 오래 전부터, 예수는 부모에게서 지극한 존중과 사랑과 보살핌을 받았다. 그의 풍부한 감성세계와 사유, 윤리에는 이와 같은 최초의 근본적인 경험이 깊이 뿌리를 내리고 있다. 예수를 탄생케 한 이승의 부모는 자신들을 그를 섬기는 자로 여겼다. 한 번도 예수에게 벌을 준다는 생각을 하지 않았다. 그 때문에 예수가 이기적이고, 오만하고, 탐욕적이고, 남을 지배하기 좋아하거나, 경박한 인물이 되었는가? 아니다. 그와 정반대의 인물이 되었다. 예수는 강인하고, 의식적이고, 남의 마음을 헤아릴 줄 아는 현명한 인간으로 자랐다. 격한 감정을 느끼면서도, 그 포로가 되지 않았다. 거짓과 기만을 꿰뚫어볼 줄 알았고, 그것을 밝히는 용기가 있었다.

그런데 나는 오늘날까지 교회를 대표하는 사람들 가운데 그 누구도 예수가 받은 교육과 그의 성격 사이에 놓인 명백한 관계를 이해하지 못했다고 생각한다. 그랬더라면 당연히 신도들에게 마리아와 요셉의 예를 따르고, 자녀를 소유물로 대하지 말고 하느님의 자녀로 여기라고 독려했을 것이다. 어떤 의미에서는 신도들 또한 하느님의 자녀.

사랑받는 아이가 지닌 하느님의 형상에는 그가 최초로 받은 선한 경험이 반영되어 있다. 그의 하느님은 이해하고, 용기를 주고, 설명하고, 지식을 전하며, 잘못에 대해서는 관용으로 대답할 것이다. 그런 하느님은 절대로 아이의 호기심에 벌을 내리고, 창의력을 말살하고, 나쁜 길로 인도하고, 이해할 수 없는 명령을 내리고, 불안감을 조성하지 않을 것이다.

예수에게는 요셉이라는 현세의 아버지가 그랬고, 그 또한 정확하게 그런 품성을 가지라고 사람들에게 설교했다. 그런데 어린 시절에 이런 경험을 하지 못했던 교회의 남성들은 이러한 가치들을 단지 공허한 낱말로 물려받았을 뿐이다. 십자군 전쟁이나 종교재판에서 극단적이고 명확하게 드러나듯이, 사람들은 자기가 어린 시절에 경험한 바대로, 다시 말하면 파괴적이고 편협하게, 가장 깊은 의미에서 볼 때는 사악하게 행동했다.

선을 위해 모든 것을 바치겠다는 사람도 자기가 성장한 시스템을 옹호하는 경우가 너무나 많다. 예컨대 항상 매를 적절하고 필요한 양육 수단으로 간주한다. 지금까지 역사에서 코메니우스를 제외하고, 어린이에 대한 체벌에 반대의사를 표명했던 신학자가 한 사람도 없다는 사실은, 체벌이 어린 시절의 일반적인 경험이었음을 입증한다. 그런 까닭에 예수는 그만큼 유일무이한 존재가 되었고, 2000년이 지난 뒤에도 여전히 그의 가르침이 근본적으로 교회 속으로 파고들지 못하고 있는 것이다.

반대되는 두 가치체계 사이에 놓인 간극은 시간이 지나면 좁아질 것이다. 미래를 살아갈 사람들은 악을 악이라고 부르는 용기를 갖게 될 것이기 때문이다. 개별적으로는 벌써 그런 일이 일어나고 있다. 2000년에 한 회의석상에서 연방 법무부 장관 헤르타 도이블러 그멜린(Herta Däubler-Gmelin)은 이렇게 말했다. "예쁜 자식에게 매 한 대 더 준다는 속담은 위험하고 터무니없는 말입니다. 폭력은 가정에서 학습되어 미래로 전달됩니다. 우리는 이러한 악순환을 끊어야 합니다."

당연한 말이지만, 오늘날에도 이와 같은 끔찍한 속담을 신봉하는 이는, 의심할 여지 없이 부정의 교육을 받은 사람이다. 지금이야말로 파괴적인 원칙을 버리고, 특히 '복종'이라는 원칙에 대한 믿음을 깨뜨릴 수 있는 가장 좋은 시점이다. 훗날 테러리스트와 정신박약한 이론가들의 명령에 따라 살인을 저지르게 될 고분고분한 아이들은 우리에게 필요치 않다. 어릴 적부터 존중받으며 자란 아이들은 열린 귀와 눈을 가지고 세상을 순례하며, 말과 건설적인 행동으로 불의와 무지, 몽매에 맞서 항의할 수 있을 것이다. 성전(聖殿) 장면이 입증하고 있듯이(누가복음 제2장 41~52), 예수는 12살 때 벌써 이런 행동을 했으며, 필요할 경우에는 복종하지 않으면서도 부모의 마음에 상처를 입히지 않았다.

우리는 아무리 노력해도 예수처럼 될 수 없다. 그렇게 되려면 지금까지의 삶과 전혀 다른 삶을 살았어야 한다. 우리 중에 그 누구도 어머니 뱃속에서 하느님의 아들로 태어나지 않았다. 그보다는 오히려 너무나 많은 아이가 부모에게 짐이 될 뿐이었다. 그러나 실제로 생각이 있다면, 우리는 예수의 부모에게서 배울 수 있다. 예수의 부모는 고분고분함을 요구하지 않았으며, 폭력을 행사하지 않았다. 권력이란 우리가 경험했던 사건에 담긴 진실이 두려울 때만 필요한 법이다. 또 자신과 자신의 진정한 감정에 충실하기에 너무나 나약하다고 느낄 때, 우리는 권력에 매달린다. 그러나 우리 아이들에게 솔직할 때, 우리는 강해진다. 권력은 진실을 말하기 위해서 필요한 것이 아니다. 우리가 권력을 필요로 하는 것은, 허위와 거짓된 언어를 퍼뜨리려고 할 때뿐이다.

좋은 정보를 가진 전문가들(예를 들면 프레데릭 르브와이예, 미셸 오당, 베셀 반 데어 콜크와 그밖에 수많은 사람)의 계몽을 많은 부모들이 받아들이고, 종교계 권위자들이 이들에게 마리아와 요셉의 본보기를 따르도록 격려한다면, 우리 아이들의 세상은 틀림없이 오늘날의 세상보다 더 평화롭고, 더 정직하고, 덜 비합리적이 될 것이다.

"넌 선악의 차이를 몰라도 돼"라는 율법은 십계명 이전에 있었던 것이다. 유대교와 기독교의 전통에 따르면, 인류역사의 시초에 율법이 있었다. 그런데도 이 율법은 건설적이 아니라 파괴적이다. 이 사실을 밝히는 것이 이 책의 목적이기도 하다. 오늘날 우리는 수천년에 걸친 무지의 율법과 둔감한 감정의 파괴적인 영향, 곧 어린이의 고통에 대한 감수성의 결핍을 보여주는 풍부한 정보를 양쪽에 두고 서 있다. 이러한 정보를 활용하여, 우리 아이들과 그 아이들의 아이들이 불필요한 고통과 악을 겪지 않게 도울 수 있다. 비록 우리 조상들은 그걸 겪으며 자랐지만 말이다. 나는 다가오는 세대들이 그렇게 살 수 있게 할 책임이 우리에게 있다고 생각한다.

우리는 오늘날에도 여전히 체벌을 하지 않고는 아이를 키우지 못하는 어머니와 아버지들을 알고 있다. 또 부모를 두려워할 필요가 없는 아이들이 착한 일을 얼마나 많이 하는지도 알고 있다. 성서의 저자들은 이른바 자식을 사랑한다는 아버지를 벌주는 아버지, 모순되고 부당한 아버지, 그게 아니면 잔혹한 아버지로 묘사했지만, 이런 아이들은 그들의 영향을 받지 않을 것이다. 이 아이들은 죄를 덮어씌워도 받아들이지 않을 것이며, 발견의 즐거움을 만끽할 것이다. 어린 시절에 진정한 사랑을 생생하게 경험한 아이들은 창세기의 부당성을 더욱 더 명쾌하게 인식하고, 그렇게 깨달은 지식을 널리 퍼뜨리기 위해서, 새로운 의사소통의 기회를 부여하는 인터넷, 텔레비전, 여행 등을 활용할 것이다. 이를 통해 그들은 다른 사람들에게 호기심을 불러일으키고, 알 권리에서 즐거움을 느끼도록 격려해줄 것이다. 인터넷의 시대에는 아담과 이브조차도 이른바 원죄에서 해방되어, 성숙한 인간이 될 수 있을 것이다.

Basset, Lytta : Le pardon originel, Genève : Labor et Fides 1995

Bowlby, John : Violence in the Family as a Disorder of the Attachment and Caregiving Systems, in : American Journal of Psychoanalysis, Vol. 44, Issue I (1984), S. 9-27

Busnel, Marie-Claire u. a. : Le langage des bébés, savons-nous l'entendre?, Paris : Jacques Grancher 1993

Capps, Donald : The Child's Song. The Religious Abuse of Children, Louisville/KY: Westminster/John Knox Press 1995

Carrère, Emmanuel : L'Adversaire, Paris: P.O.L. 2000

Eugenides, Jeffrey : The Virgin Suicides - die Selbstmord-Schwestern, München: Deutscher Taschenbuch Verlag 2000

Goleman, Daniel : Emotionale Intelligenz, München/Wien: Carl Hanser 1996

Guntrip, Harry : My Experience of Analysis with Fairbairn and Winnicott.(How Complete a Result Does Psycoanalytic Therapy Achieve?), in: International Journal of Psychoanalysis, Nr. 56, Jg. 5(1975), S. 145-156; dt.: Aus dem Archiv der Psychoanalyse.

Harry Guntrip: Meine analytische Erfahrung mit Fairbairn und Winnicott. Wie vollständig ist das Ergebnis psycoanalytischer Therapie?, in: Psyche, Nr. 7 (1997), S. 676-699.

Hazell, Jeremy : H. J. S. Guntrip: A Psychoanalytic Biography, New York/London: Free Association 1996

Hirigoyen, Marie-France : Die Masken der Niedertracht. Seelische Gewalt im Alltag und wie man sich dagegen wehren kann, München: Beck 1999

Karr-Morse, Robin/Wiley, Meredith S. : Ghosts from the Nursery. Tracing the Roots of Violence, New York: The Atlantic Monthly Press 1997

Kershaw, Ian : Hitler 1889-1936, Stuttgart: Deutsche Verlags-Anstalt 1998

Leboyer, Frédérick : Der sanfte Weg ins Leben: Geburt ohne Gewalt, München: Desch 1974

LeDoux, Joseph : Das Netz der Gefühle. Wie Emotionen entstehen, München/Wien: Carl Hanser 1998

Luhrmann, T. M. : Of Two Mind: The Growing Disorder in American Psychiatry, New York: A. Knopf 2000

Maurel, Olivier : La Fessée. 100 questions-réponses sur les châtiments corporels et l'éducation sans violence, Paris: La Plage 2001

McCourt, Frank : Die Asche meiner Mutter. Roman, München: Luchterhand 1996

Miller, Alice : Abbruch der Schweigemauer, Hamburg: Hoffmann und Campe 1990(vergriffen)

Miller, Alice : Am Anfang war Erziehung, Frankfurt a. M. Suhrkamp 1980

Miller, Alice : Das Drama des begabten Kindes und die Suche nach dem wahren Selbst. Eine Um- und Fortschreibung, Frankfurt a.

M. Suhrkamp 2000

Miller, Alice : Der gemiedene Schlüssel. Erweiterte und revidierte Nachauflage, Frankfurt a. M. Suhrkamp 1988b

Miller, Alice : Du sollst nicht merken. Variationen über das Paradies-Thema, Frankfurt a. M. Suhrkamp, rev. Aufl. 1998b

Miller, Alice : Das verbannte Wissen, Frankfurt a. M. Suhrkamp 1988a

Miller, Alice : Wege des Lebens. Sieben Geschichten, Frankfurt a. M. Suhrkamp 1998a

Niehoff, Debra : The Biology of Violence: How Understanding the Brain, Behaviour, and Environment Can Break the Vicious Circle of Aggression, New York: The Free Press 1999

Odent, Michel : Die Wurzeln der Liebe : Wie unsere wichtigste Emotion entsteht, Düsseldorf: Walter 2001

Ornish, Dean : Love & Survival, New Youk: Harper Perennial 1999; dt. : Die revolutionäre Therapie: Heilen mit Liebe. Schwere Krankheiten ohne Medikamente überwinden, München: Mosaik 1999

Parnell, Laurel : EMDR - der Weg aus dem Trauma. Über die Heilung von Traumata und emotionalen Verletzungen, Paderborn: Junfermann 1999

Paul, Jordan/Paul, Margaret : If You Really Loved Me, Minneapolis: Comp-Care Publishers 1987

Pennebaker, James W. : Opening Up, New York: The Guilford Press, rev. Aufl. 1997; dt.: Sag, was dich bedrückt. Die befreiende Kraft des Redens, Düsseldorf: Econ 1991

Pert, Candace B. : Molecules of Emotion, London: Simon & Schuster Ltd. 1998; dt. : Moleküle der Gefühle. Körper, Geist und

Emotionen, Reinbeck bei Hamburg: Rowohlt 1999

Rosenbaum, Ron : Explaining Hitler, New York: Random House 1998;
dt. : Die HitlerDebatte. Auf der Suche nach dem Ursprung des
Bösen, München: Europa 1999

Sapolsky, Robert M. : Warum Zebras keine Migräne kriegen. Wie Streß
den Menschen krank macht, München: Piper 1996

Schacter, Daniel L. : Wir sind Erinnerung. Gedächtnis und Persönlichkeit,
Reinbeck bei Hamburg: Rowohlt 1999

Shapiro, Francine : EMDR-Grundlagen & Praxis. Handbuch zur
Behandlung traumatisierter Menschen, Paderborn: Junfermann
1998

Stern, Daniel N. : Die Lebenserfahrung des Säuglings, Stuttgart: Klett
Cotta 1992

Stern, Daniel N. : Tagebuch eines Babys. Was ein Kind sieht, spürt,
fühlt und denkt, München: Piper 1991

van der Kolk, Bessel : Psychological Trauma, Washington/DC: American
Psychiatric Press 1987

Waite, Robert G. L. : The Psychopathic God: Adolf Hitler, New York:
Basic Books 1977

Zimmer, Katharina : Erste Gefühle. Das frühe Band zwischen Kind
und Eltern, München: Kösel 1998

Zimmer, Katharina : Gefühle - unser erster Verstand, München:
Diana 1999

옮긴이 신홍민

한국외국어대학교 독일어과를 졸업하고, 동대학원에서 독문학 박사 학위를 받았다. 한국외국어대학교, 서울시립대학교, 성신여자대학교에서 독일 문학을 강의했다. 현재 대진대 겸임교수로 덕성여자대학교와 대진대에서 독일 문학과 동화를 강의하고 있으며, 전문번역가로 활동 중이다. 옮긴 책으로는 《처음 그 설렘으로 아이들을 만나고 싶다》《부모와 아이 사이》《교사와 학생 사이》《부모와 십대 사이》《형제》《변증법의 역사》 등이 있고, 어린이 문학 작품으로 《평화는 어디에서 오는가》 이외에 다수가 있다.

사랑의 매는 없다

1판 1쇄 발행 2005년 3월 4일 | **1판 6쇄 발행** 2016년 11월 10일

지은이 앨리스 밀러 | **옮긴이** 신홍민
펴낸이 조재은 | **펴낸곳** (주)양철북출판사 | **등록** 제25100-2002-380호(2001년 11월 21일)
편집 이정우 | **디자인** 육수정 | **마케팅** 조희정 | **관리** 정영주
주소 서울시 마포구 양화로8길 17-9 | **전화** 02)335-6407 | **팩스** 02)335-6408
ISBN 978-89-90220-41-6 03180

카페 cafe.daum.net/tindrum 블로그 blog.naver.com/tin_drum
페이스북 facebook.com/tindrum2001